Susanne Patzleiner-Rieser · Frauenweise – Weise Frauen

Susanne Patzleiner-Rieser

Frauenweise – Weise Frauen

Die drei Säulen der Weiblichkeit
Heilung · Kreativität · Magie

ENNSTHALER VERLAG STEYR

Die in diesem Buch dargebotenen Vorstellungen, Vorschläge und Therapiemethoden sind nicht als Ersatz für eine professionelle Behandlung gedacht. Jede Anwendung der in diesem Buch angeführten Ratschläge geschieht nach alleinigem Gutdünken des Lesers. Autor, Verlag, Berater, Vertreiber, Händler und alle Personen, die mit diesem Buch in Zusammenhang stehen, übernehmen keine Haftung für eventuelle Folgen, die direkt oder indirekt aus den in diesem Buch gegebenen Informationen resultieren oder resultieren sollen. Es wird darauf hingewiesen, dass alle Angaben trotz sorgfältiger Bearbeitung ohne Gewähr erfolgen und eine Haftung des Verlags ausgeschlossen ist.

www.ennsthaler.at

ISBN 978-385068-876-5

Susanne Patzleiner-Rieser · Frauenweise – Weise Frauen

Ennsthaler Gesellschaft m.b.H. & Co KG, 4400 Steyr, Österreich
Satz & Umschlaggestaltung: Ennsthaler Verlag, Steyr

Für …

… Lore, die mir von einem Frauenseminar erzählt hat, für meine Freundin Mary, für Anita, Claudia, Elisabeth, Eva, Maresi, Susanne und Sylvia, die Pionierinnen, für das unglaublich starke und dichte Netz aus Frauen, die mich immer stützen und tragen:
Steffi, Sandra, Andrea, Petra, Karin und noch so viele … für die Frauen meiner Familie, die lebenden und die toten: meine Mutter, meine Großmütter, meine Schwester, meine Nichte.

Die in diesem Buch vorkommenden Personen existieren zwar real, erhielten aber – außer sie sind in der Zwischenzeit verstorben – andere Namen. Im Anhang finden sich noch Literaturhinweise für weiterführende oder spezialisierende Bücher zu der Thematik, die auch mir teilweise als Quellen gedient haben. Diesen Autoren meinen Dank, sie haben manches Licht ins Dunkel gebracht.

Eigentlich wusste ich es schon im Kindergarten: Ich würde nie mit einem Mann tauschen wollen. Außer vielleicht in jenen Momenten, in denen mein Cousin beim Spielen draußen in der Natur wunderbare Bögen in tiefe Abgründe hinab pinkeln konnte, was mir selber nur unter Lebensgefahr gelang.

In meiner Jugend und frühen Erwachsenenzeit mochte ich jedoch Frauen nicht besonders. Meine Mutter und meine Schwester und zu jeder Zeit auch die eine oder andere Freundin waren zwar meine engsten Vertrauten, aber insgesamt stellten Männer einfach größere Herausforderungen an meinen Intellekt dar. Ich wollte mich nicht über Gefühle austauschen, ich fand die Themen »Beziehungen, Männer, Kinder« oder gar »Putzmittel und Kochrezepte« einfach öd.

Dann hatte ich ein Erlebnis der dritten Art: Ich traf eine Exfreundin meines damaligen Partners. Und plötzlich war da eine Verbindung zwischen uns beiden, eine Verständigung, so leicht und so mühelos. Ganz ohne Worte. O ja, wir machten letzten Endes viele Worte, aber sie wären nicht notwendig gewesen, denn jedes dieser vielen Worte bestätigte immer wieder nur eines: Wir verstanden uns rein über unser gemeinsames Geschlecht. Wir waren Freundinnen, Schwestern, wir waren eins. In diesem Moment veränderte sich viel für mich: Ich begann, mich intensiv, neugierig und forschend, wie es überhaupt meine Art ist, mit Frauen auseinanderzusetzen.

Heute weiß ich natürlich, dass ich vielen Klischees aufgesessen bin: sowohl bei den Männern als auch den Frauen. Aber die Hingabe an das Frausein ist mir nie mehr abhanden gekommen.

Nach einem über 50-jährigen Leben auf dieser noch immer meist von Männern dominierten und frauenfeindlichen Welt kann ich unter dem Strich sagen, was ich schon im Kindergarten wusste: »Ich würde nie mit einem Mann tauschen wollen!«

Viele Begegnungen mit anderen Kulturen, die intensive Auseinandersetzung mit der Natur, viel lernen, lesen, arbeiten, Tausende von Gesprächen mit Frauen, später auch viele Seminare, die ich abgehalten und die auch mich immer wieder wunderbar bereichert und weiser gemacht haben, ließen mich zur Erkenntnis kommen, dass es nicht viel braucht, um als Frau ein sattes, buntes, befriedigendes Leben führen zu können.

Meiner Meinung nach ist das Frausein auf **drei Säulen** aufgebaut:

- **Dem Wissen um Heilung** (zu dem auch das Wissen um den eigenen weiblichen Körper, dessen Zyklen und Heilung gehört)
- **Dem Wissen um Magie und Spiritualität** (sprich: um all jene Energien, die zwar unsichtbar sind und uns trotzdem in jeder Sekunde unseres Lebens begleiten und uns bereichern)
- **Der Kreativität** (was alles Schaffen beinhaltet, alles, was sich um Schönheit, Poesie und spielerische Leichtigkeit rankt)

Alle meine Seminare für Frauen sind vorrangig aus praktischen Übungen und Anregungen aufgebaut, um diese drei Säulen in unser weibliches Alltagsleben zu integrieren – gleich, ob wir uns gerade als Mütter für einige Jahre um unsere Kinder kümmern, ob wir zu den sogenannten (um den noch immer häufig diskriminierend eingesetzten Ausdruck zu verwenden) Karrierefrauen zählen und uns um Erfüllung im Berufsleben bemühen, ob wir noch ganz jung sind und uns vor allem diese unfassbare Sehnsucht nach dem Leben fast zum Platzen bringt oder in fortgeschrittenen Jahren endlich auch einen Fortschritt in unserer Menschwerdung feststellen können!

Mit diesem Buch entspreche ich der Bitte vieler Frauen, die immer wieder meinten, ich solle mich doch mit den Inhalten meiner Seminare an ein größeres Publikum wenden. Ich hoffe von Herzen, in den Frauen, die es lesen, einen kleinen Funken zu zünden, der sie ihres Frauseins bewusster und stolzer werden lässt.

Aufgebaut ist es in sieben Schritten oder Stufen, deren Beschäftigungs-Dauer selbst gewählt werden kann. Letzten Endes ist es gleichgültig, ob es 7 Wochen, 7 Monate oder 7 Jahre dauert, dieses Programm durchzuarbeiten. Die Reihenfolge ist wichtig, nicht aber die Zeit, in der die einzelnen Schritte/ Stufen »absolviert« werden. Der eigene Rhythmus und das eigene Tempo sollten dabei im Vordergrund stehen.

Wenn von den drei Säulen gesprochen wird, ist wohl von Anfang an klar, dass sie alle miteinander im Alltag verschmelzen bzw. sich zu einem Zopf verflechten. Und nur, was alltagstauglich ist, sollte im Leben einer Frau einen festen Platz einnehmen, alles andere ist Schall und Rauch.

Susanne Patzleiner, 11. 6. 2011, auf Rab

Keiner der Gesundheitsratschläge in diesem Buch ersetzt den Arztbesuch. Auch die Kräutermedizin sollte durch Fachleute verabreicht werden und dient nicht der Eigenmedikation.

Liebe Leserin, lass uns beginnen:

STUFE I – HEILUNG

Heil werden, wieder ganz werden:
Zuallererst lies bitte das Kapitel über den weiblichen Zyklus durch, einmal, zweimal, mehrmals, bis du das Gefühl hast, es verinnerlicht, nicht nur im Kopf begriffen zu haben. Die anschließende Übung: »Wahrnehmen unseres Bauches« führe, sooft es dir möglich ist, in dem von dir gewählten Zeitraum aus! Viel Spaß und Erfolg dabei …

Die Basis von allem: Unser weiblicher Zyklus und seine Magie

Frauen haben sich in unserer Gesellschaft zwar einen Platz zurückerobert, aber um den Preis, dass wir, wenn wir in dieser Männerwelt bestehen wollen, unser natürliches Frausein verleugnen müssen. Betrachtet man im Fernsehen diverse Tampon-Werbungen, dann sieht man davon nichts, wenn eine Frau blutet, man riecht nichts, man spürt nichts, es wird suggeriert: Da kann auch nichts sein. Schwangerschaft wird mit Krankheit gleichgesetzt: Wir müssen permanent zum Arzt (sogar die Termine werden uns vorgegeben, wir werden nicht nur als Patientinnen, sondern vor allem als Frauen entmündigt!) und zum Entbinden in die Klinik. Nach dem Wechsel sind wir nicht einmal mehr weiblich, sondern Neutra.

Dass uns aber aus diesem Bluten, diesem Eisprung, dem

Klimakterium usw. ganz eigene Kräfte erwachsen, ist so lange verleugnet worden, bis es vergessen worden ist.

Nicht so in anderen Kulturen. Deshalb möchte ich mich diesem Thema annähern, indem ich Anleihen bei den Lakota-Indianern und anderen nativen Gemeinschaften mache, mir Anregungen hole, mich inspirieren lasse.

An dieser Stelle will ich einen Traum erzählen, den ich auf dem Sonnentanzgelände der »Four Nations« hatte. Der erste Tag des Sonnentanzes war vorbei und ich ging gerade ganz intensiv in einer Verschmelzung mit den Lakota-Traditionen auf: Ich träumte, dass ich mit meinem damals 9-jährigen älteren Sohn durch meine Heimatstadt ging, um meine Großmutter zu besuchen. Erstaunt bemerkte ich, dass sich alle Leute nach uns umdrehten und hinter vorgehaltener Hand tuschelten und kicherten. Das verunsicherte mich sehr, ich erkannte aber den Grund für die Heiterkeit der Menschen nicht. Wir kamen bei der Wohnung meiner Großmutter an, sie öffnete uns die Türe und brach in Gelächter aus. Schon ziemlich verärgert fragte ich, was denn jetzt so lustig sei. Sie nahm uns bei den Händen und führte uns zum großen Spiegel in der Garderobe, in dem wir sahen, dass wir als Indianer verkleidet und geschminkt waren …

Ich erwachte peinlich berührt und verwirrt. Mir wurde klar, dass der Traum mir verdeutlichen sollte, dass es nie Sinn macht, andere Kulturen einfach zu kopieren. Ernie Rainbow, einer meiner Lehrer, ein Apache-Indianer, wurde noch deutlicher: Er hatte uns bereits mit der Schwitzhütten-, der Pfeifen- und der Sonnentanzzeremonie vertraut gemacht, da nahm er mich eines Tages zur Seite. Er war ungewöhnlich ernst und sprach mich in meiner Rolle als Älteste unserer

Gruppe an: »Ich habe euch das alles nicht gelehrt, damit ihr es unhinterfragt kopiert, sondern damit ihr dieses Wissen als Krücken nutzt, um euch auf die Suche zu machen nach euren eigenen Wurzeln. Ich bin sicher, auch ihr habt euer altes Wissen, auch eure Alten sind weise, ihr müsst nur vielleicht tiefer und härter danach graben als wir hier!« Diese Worte haben mich sehr geprägt und immer begleitet, deshalb hier meine Bitte an euch alle: ***Geht hinaus und sucht ganz bewusst nach altem Frauenwissen,*** vor allem auch in unserer Kultur! Ihr werdet sicherlich auch in anderen Kulturkreisen fündig, aber seid euch dessen bewusst, dass es nicht immer ganz leicht ist, dieses Wissen in unsere abendländischen Traditionen zu transportieren. Der Wunsch und die Absicht, mehr und mehr Frauen zu gewinnen, die sich ihren ureigensten Platz auch in unserer Gesellschaft zurückerobern wollen, mögen euch dabei begleiten und stärken!

Meinen ersten Schritt in das Thema »Mondzeit« (Zeit der Menstruation – siehe unten) tat ich ebenfalls in Oregon, der Heimat des besagten Lehrers, und dieser erste Schritt war ein überaus unangenehmer, vor allem aber auch frustrierender:

Ich hatte mich seit Monaten auf die Teilnahme an einem Sonnentanz* gefreut, die erste Zeremonie mit vielen indianischen Teilnehmern. Ich war gespannt, ziemlich weich gekocht von einer sehr heißen Schwitzhütte und dann auch tief berührt von den ersten Stunden des Sonnentanzes. Dann kam die Nacht mit dem Traum und in den ersten Morgenstunden

* Zeremonie einiger nordamerikanischer Stämme, die meist 4 Tage dauert und während welcher die Teilnehmer ihr »eigenes Fleisch opfern«, indem sie die äußerst anstrengende spirituelle Verpflichtung auf sich nehmen, z. B. 4 Tage lang ohne Essen und Trinken zu tanzen oder auch sich piercen und an den Sonnentanzbaum hängen zu lassen, um für die »Heilung der Mutter Erde« und die kommenden Generationen zu beten.

spürte ich das altbekannte Ziehen in meinem Unterleib und erzählte meinem damaligen Mann, dass ich jetzt meine Tage bekommen würde. Dieser war bereits wesentlich vertrauter mit den wichtigsten Regeln des spirituellen Lebens dort und meinte, dann könne ich wohl nicht an der restlichen Zeremonie teilnehmen. Ich war empört und wollte das einfach nicht glauben: Da hatte man mir erzählt, dass die tollen Indianer noch ihre matriarchalischen Wurzeln lebten, dass sie ihre Frauen, vor allem die alten unter ihnen, achteten und respektierten, auf ihren Rat hörten, und jetzt erzählte man mir, ich könne wegen meiner Regel nicht an der Zeremonie teilnehmen. Ich war wütend, hatte ich mich doch im Laufe der Jahre mühsam von vielen Fesseln des Frauseins befreit, und nun kam ich hierher und wurde mit dem tiefsten Mittelalter konfrontiert. Dass die Milch sauer werde, wenn eine Frau sie während ihrer Regel abfülle, dass Warzen nie von einer Frau während ihrer Tage behandelt werden dürften, dass man da auch keine Salbe mischen solle, weil sie viel eher ranzig werde, hatte ich schon vor Ewigkeiten von alten Verwandten der bäuerlichen und forstwirtschaftlichen Seite unserer Familie gehört. Dass mir dieser Humbug hier wieder begegnete, enttäuschte mich außerordentlich, von den Indianern hatte ich mehr erwartet. Aber es gab kein Entkommen: Wo sollte ich auch hin in dieser heißen, trockenen Einöde, ich kannte niemanden und vom Sonnentanzgelände war ich mehr oder weniger verbannt worden. Nun – ich solle in die Moonlodge –, sagten mir die anderen Frauen. Noch mehr Ausgrenzung, ein Ghetto am Rand einer spirituellen Zeremonie. Aber da war dann Gott sei Dank ein Funken Neugier – ich würde ja nicht die einzige Frau sein, die das Pech hatte, ausgerechnet jetzt die Regel zu bekommen.

Diese Tage und Nächte im Mondhaus sollten mein Leben grundlegend verändern. Denn dort erfuhr ich Dinge, die ich schon immer irgendwie geahnt hatte, die nun aber ganz klar ausgesprochen wurden, erklärt und erläutert. Geheimnisse, die in mir wohnten, wurden gelichtet und meine Weiblichkeit wurde um ungeahnte Dimensionen bereichert …

Der Rhythmus des Mondes und der Frauen

Bevor wir uns jetzt diesen alten Geheimnissen zuwenden, möchte ich, dass du dich hinsetzt und so ehrlich wie möglich folgende Fragen beantwortest:

- Wenn du mit einem Zyklus lebst, wie lange dauert er? Ist er länger, kürzer oder ganz genau gleich lang wie der Mondzyklus?
- Wie fühlst du dich, wenn du deinen Eisprung hast? Spürst du ihn körperlich, emotional, beides oder überhaupt nicht? Wie geht es dir in dieser Zeit?
- Wenn deine Tage nahen, was fühlst du dann? Das sogenannte prämenstruelle Syndrom? Überfällt dich die Putzwut? Bist du streitsüchtig oder eher weinerlich? Fühlst du dich schwach und traurig? Hast du Schmerzen?
- Wenn deine Regel angekommen ist, fühlst du dich verletzlicher als sonst? Oder stark und zum Bäumeausreißen? Hast du Krämpfe? Ist dir nach Rückzug? Nach Schokoladeessen?
- Hast du deine Mondzyklen bereits abgeschlossen? Wie war dieses »Ende des Blutens«? War es für dich auch ein Ende

deiner Weiblichkeit? Fühlst du dich gedemütigt, wenn du »gestehen« musst, dass du schon in der Menopause bist?
- Ist dein monatlicher Zyklus vielleicht durch eine Hysterektomie abgebrochen worden? War der Schock groß, bist du bereits in jungen Jahren »unfruchtbar« geworden?

Vermutlich hat dich die eine oder andere dieser Fragen schon öfter beschäftigt, aber da frau ja kein Problem mit der Mensis haben darf, damit frau nicht in den Ruf einer Zicke kommt, wahrscheinlich höchstens engen Freundinnen oder der eigenen Mutter gegenüber ausgesprochen. Und die hatten dafür auch keine wirklichen Antworten, höchstens ein paar Tipps, um Erleichterung zu erfahren …

Ich erfuhr in jener Moonlodge von einer alten Dame namens Whirlwind, wie die Frauen früher ihren Zyklus lebten und warum es ihnen jetzt so schwerfällt, damit klarzukommen:

In alter Zeit und auch jetzt noch in manchen eingeborenen Gesellschaften (z. B. in Afrika) hatten alle Frauen ihren Zyklus gleichzeitig und parallel zum Mondrhythmus. Abseits der künstlichen Straßenbeleuchtung hat der Mond noch die Kraft, die Säfte der Frauen gleich wie Ebbe und Flut des Meeres steigen und sinken zu lassen – deshalb auch die Bezeichnung »Mondzeit«. Wenn der Mond voll war, sein Licht die Nacht zum Tag machte, wenn Feste gefeiert wurden und alles draußen war und sich mit den anderen Stammesmitgliedern vergnügte, wenn gesungen und getanzt wurde, dann hatten die Frauen den Eisprung. War ja auch sehr praktisch – passte zum Singen und Lachen, die Offenheit und Bereitschaft, ein Kind zu empfangen.

Nahm der Mond ab und wurde schmäler, die Nächte dunkler, kehrte wieder Ruhe ins Dorfleben ein, die Frauen zogen sich mehr und mehr zurück und bei Neumond kam die Menstruation.

Jetzt geschah ein kleines Wunder, wenn man es denn zuließ: Gab man den Frauen die Gelegenheit, sich während dieser Zeit total von der Außenwelt zurückzuziehen, dann begann sich der Schleier zwischen den Frauen und dem Geheimnis des Lebens zu heben. Die Frauen waren nun nicht nur für die Reinigung ihres Körpers bereit, sondern auch für Visionen, die sich in dieser Zeit der Innenschau ganz leicht und selbstverständlich einfanden. Praktisch umgesetzt werden konnte dieser Rückzug durch die »Mondhütte« (in manchen Kulturen waren dies auch Höhlen, die natürlich den Schoß der Mutter Erde symbolisierten). Die menstruierenden Frauen zogen für mehrere Tage dort ein, sie waren nicht nur von ihren Pflichten gegenüber ihrer Familie befreit, die währenddessen die Männer, die Großmütter und die jüngeren Mädchen erledigten, sondern es wurde auch gleichzeitig für sie gesorgt. Sie hatten also nichts anderes zu tun, als still zu sein, zu beten, in sich hineinzuhorchen, eventuell mit den anderen Frauen zu singen und zu trommeln, um die Geister anzulocken, offen zu sein für prophetische Träume und Inspirationen.

Kamen sie dann in die Dorfgemeinschaft zurück, wurden sie schon vom Stamm und den Schamanen erwartet: Man bat sie, ihre Träume zu erzählen, von ihren Visionen zu berichten. Somit wurde in den Mondhütten eine intensive Verbindung zur Mutter Erde und den Geistern geschaffen, die Botschaften erschienen direkt und ohne Umwege …

Ging der Mond dann wieder auf seine Fülle zu und die

Frauen auf ihren Eisprung, bemühte sich die Gemeinschaft, die Visionen in ihrem Alltag umzusetzen. Man war dankbar dafür, dass sich die Geistwesen den Frauen gezeigt hatten.

Blieb die Menstruation hingegen aus – d. h., war die Frau schwanger, herrschte in fast allen Kulturen der Welt die Meinung, dass das heilige Blut geronnen war und begonnen hatte, einen neuen Menschen zu formen …

Wenn du dir jetzt noch einmal die Fragen am Beginn des Kapitels ansiehst, wird dir vielleicht klar, warum die Antworten eben so und nicht anders ausgefallen sind:

- Der volle Mond bringt Aktivität, Offenheit, Nach-außen-Gerichtetsein mit sich; den Eisprung zu leben, fällt ja in unserer Gesellschaft nicht allzu schwer. Schwieriger wird es da schon mit dem
- Neumond: Es sollte Nach-innen-Gehen, Rückzug bedeuten. Während der Regel sollten wir dem Körper viel Aufmerksamkeit schenken: Wenn wir zu dieser Zeit genervt sind, zeigt uns unser Körper z. B. durch Krämpfe, dass der Ort, an dem wir uns befinden, nicht passt, oder auch die Menschen, die uns zu dieser Zeit umgeben. Wenn wir keine Konsequenzen ziehen, verstärkt sich das Unwohlsein. Grantig und unausgeglichen sind wir nur, wenn wir gezwungen sind, zu aktiv zu sein, zu viele Menschen um uns zu haben. Die Mondzeit ist die weiblichste, die empfänglichste Zeit. Es ist wichtig, uns zu schützen, mit schönen Dingen und Frieden zu umgeben. Es ist eine Zeit der Reinigung, der Öffnung für Visionen.

Schon durch die vielen künstlichen Lichter in den Städten, auf unseren Nachtkästen, die Stand-bys diverser Geräte und die leuchtenden Displays, die alle praktisch jede Nacht zu einer Vollmondnacht machen, ist es unserem Körper mittlerweile fast unmöglich, sich auf den Zyklus des Mondes einzustellen. Für diejenigen, denen das wichtig ist, gibt es Tricks, um wieder in den Mondzyklus einzutauchen, aber ich halte das für nicht so vorrangig, als dafür zu sorgen, dass wir wenigsten ein winziges Bisschen von diesem zyklischen Geheimnis – unabhängig vom Wachsen und Schwinden des Mondes – leben können.

Ich glaube auch, dass vor langer Zeit bei uns ähnliche Praktiken wie die der Moonlodge üblich waren, was aber später parallel zum Erstarken des Patriarchats zu Missverständnissen führte: Die Mensis wurde nicht mehr als eine Zeit der Reinigung, sondern als eine Zeit der Unreinheit interpretiert. Die Offenheit der Frauen nicht als Empfänglichkeit gegenüber der geistigen Welt, sondern als Nähe zu Dämonen und Teufeln … Die Macht, die Frauen ganz offensichtlich durch ihre Verbindung zur Anderswelt genossen, machte den Patriarchen Angst und Angst vor dem Anderssein hat seit eh und je zu Unterdrückung, Verfolgung, Verleumdung und Ausgrenzung geführt …

Wie können wir jetzt das Wissen um unsere Rhythmen im Alltag unserer Gesellschaft umsetzen?

Anregungen: Stell dir vor, du gehst zu deinem Chef, verlangst 5 Tage pro Monat »Menstruationsurlaub«, baust dir eine Moonlodge in deinem Garten und sagst dann noch zu deiner Familie, dass in den nächsten Tagen sie für dich sorgen müssen und nicht umgekehrt! Kaum realisierbar, würde ich sagen. Aber es gibt 100 %ig auch in deinem Leben die eine oder andere Nische, die du für den Rückzug in deiner Mondzeit nützen kannst. Vielleicht gibt es eine Großmutter, die sich sowieso zu wenig gebraucht und etwas einsam fühlt, die man bitten könnte, die Kinder wenigstens für die zwei ersten Tage der Mensis zu sich zu nehmen (Oma und Enkel freuen sich darüber!!), vielleicht kannst du deinen längst fälligen Zeitausgleich für zwei Menstruationsnachmittage nehmen, dich mittags mit einem Essen beim Chinesen verwöhnen, dann die nächsten Stunden auf dem Liegestuhl im Garten verbringen oder mit einem guten Buch, einer Tafel Schokolade und eingehüllt in eine flauschige Decke auf der bequemsten Couch des Haushaltes. Vielleicht genügt es aber auch, deinem Partner und allen dir nahe stehenden Menschen einfach zu sagen, dass du dich für ein paar Tage zurückziehen möchtest. Es reicht womöglich, dass du während der Mondzeit nicht bis in die Morgenstunden ausgehst, sondern eher für dich bleibst, nicht vor dem Fernseher sitzt, sondern mit guter Musik, ein paar Räucherstäbchen, einem duftenden Bad mit dir alleine bist …

Eine Anregung betreffend andere Frauen in deiner Umgebung: Frag deine Freundinnen und Nachbarinnen, ob ihr euch eventuell gegenseitig unterstützen könnt/wollt, um eure Mondzeit leichter im Alltag lebbar zu machen (für ein paar Tage für die Familie der anderen mitkochen, auf die Kinder aufpassen …)

Noch einmal eine Zusammenfassung der wesentlichen Punkte, die Mondzeit betreffend, und eine Folgerung daraus für die Zeit »danach«:

Menstruation

- Frauen mussten während ihrer Menstruation nicht arbeiten bzw. kochen: Nicht, weil sie unrein waren, sondern weil diese Zeit ihnen gehören sollte und durch ihre Visionen sehr wertvoll für ihr ganzes Volk war.
- In der Mondhütte ging es dann um's Ruhigwerden, In-Kontakt-mit-sich-selbst-Treten: In vielen nativen Gesellschaften wurden die Frauen darum gebeten, nach ihren Mondzeiten von ihren Träumen und Visionen zu erzählen. Die Medizinleute waren dann das aktive Element, das interpretierte und erste Schritte zur Umsetzung einleitete.

Menopause

- Frauen, die bereits ihr »weises Blut in sich behalten«, gleich, ob sie ihr Klimakterium hinter sich haben oder ob sie nach einer Operation nicht mehr menstruieren, gehören der »Großmutterhütte« an, und das hat weder mit dem Alter noch mit dem physischen »Großmuttersein« zu tun.
- Die älteren, weisen Frauen waren und sind die kraftvollsten. Frauen waren schon immer zuständig für das Wissen um die Zusammenhänge, alles Lebendige, um Fürsorge und Wachstum. Wenn wir uns umsehen in unserer Welt, erkennen wir, dass dieses Wissen wichtiger ist denn je, und wir Frauen, die wir uns für einen Weg des Bewusstseins entschieden haben, sind gefordert, es in die Welt zurückzubringen.
- Vor allem diese älteren Frauen, die keine Verpflichtungen wie eigene kleine Kinder mehr haben, können darum ihre ganze Energie für diese besonderen Dinge einsetzen: Für das Wissen um die Einheit aller Wesen und die Abhängigkeit alles Lebendigen voneinander.

- »Das weise Blut in sich behalten«: Leider läuft die Sache mit den älteren Frauen in unserer Gesellschaft völlig verkehrt: Frauen in der Menopause sind meist extrem energiegeladen, fühlen sich wie neugeboren, sind ganz wild auf ihren Neubeginn, werden aber abgeschrieben. Dabei sollten wir sie ehren und sie wieder an ihre Pflichten der Familie, der Gemeinschaft gegenüber erinnern.

Welche Möglichkeiten gibt es für die älteren Frauen in unserer Gesellschaft, sich für diese unglaublich wichtigen Aufgaben einzubringen? Wo kann man sich treffen, beraten, wie können diese weisen Frauen ihre Weisheit (mit)teilen?

Brecht aus den Seniorinnen-Kaffeekränzchen eurer Pfarre aus – oder besser noch: Nutzt sie, wandelt sie um in energiegeladene Großmutter-Zellen und stellt eure Kraft und euer Wissen der Welt wieder zur Verfügung! Teilt uns mit, was wichtig ist auf der Welt, verbeißt euch nicht eure Kritik, sondern zeigt uns allen auf liebevolle aber bestimmte Weise, woran es fehlt, was wir alle tun können, um die Mutter Erde wieder zu einem lebenswerten Ort zu machen!

Hysterektomie, verfrühte Menopause

Ob Frauen, die sich einer Operation haben unterziehen müssen oder aus anderen Gründen frühzeitig in die Menopause gekommen sind, noch »in die Mondhütte« wollen, weil sie noch etwas brauchen, noch miterleben wollen, oder ob sie in die »Großmutterhütte gehen« wollen, um dort mitzuarbeiten, ist ihre freie Entscheidung. Wie fühlt ihr euch, wenn gleichaltrige Freundinnen bluten? Seid ihr froh, dieses Kapitel abgeschlossen zu haben, oder wollt ihr noch teilhaben an dieser Rhythmik? Es liegt allein an euch, den Schritt bewusst hinein zu machen in eine Zeit der rein geistigen Fruchtbarkeit. Wir brauchen Großmütter in dieser Welt!

Überlege dir auch bitte, wie du die Großmütter in deiner Umgebung erlebst. Wie können wir sie an ihre Aufgaben erinnern? Ihnen dadurch Sinn und Inhalt zurückgeben? Und uns allen Unterstützung, ein reiches Wissen und lebenslange Erfahrung vermitteln. Was in unserer Gesellschaft ebenso fehlt, wir aber ganz leicht wieder einführen können:

Übergangsriten und Initiationen

- sind in unserer Zeit fast vollkommen verloren gegangen. Es ist wichtig, die erste Menstruation zu feiern, das Mädchen, die junge Frau zu ehren.
- Ebenso aber auch die Frauen, die zum ersten Mal »in die Großmutterhütte gehen«.
- Der Wechsel zwischen diesen großen Lebensabschnitten sollte sehr bewusst begangen werden, da die Frauen sich dann wesentlich leichter tun, den Übergang zu vollziehen.

Anregung: Wenn du Töchter hast, feiere ihre erste Mensis mit einer kleinen Zeremonie: Lade Freundinnen, vor allem aber auch Großmütter ein. Die Mädchen sollen ein Gefühl dafür bekommen, wie bedeutsam es ist, was da passiert, und sich freuen und stolz sein. Auch sollen sie sich in diesen weiblichen, Generationen umfassenden Strom eingebunden fühlen.

Ich habe meine erste Menstruation mit 13 Jahren bekommen und ich bin meiner Mutter noch immer dankbar dafür, dass sie sofort ein spontanes Fest veranstaltet hat mit den beiden Großmüttern, mit Kuchen, Kaffee (mein erster mit Koffein!) und Blumen. Ich fühlte mich immens wichtig und sehr sehr erwachsen.

Wenn du eine Frau, die dir nahe steht, feierlich in die »Großmutterhütte begleiten« möchtest, könntest du ein Ritual mit gemeinsamen Freundinnen feiern:

Die frisch gebackene Großmutter stellt sich in den Frauenkreis und nacheinander treten die Frauen vor, um einen Körperteil zu segnen. Der Segenswunsch sollte in Zusammenhang mit dem Großmuttersein stehen. Z. B.: »Ich segne deine Hände, damit sie die Kraft haben, das anzupacken, was die Welt von einer weisen Frau braucht.« Oder: »Ich segne dein Herz, damit es immer voller Mitgefühl und Liebe für die Gemeinschaft sein kann.« Jede legt ihre Hand auf einen anderen Körperteil und spricht den dazugehörigen Segenswunsch (Kopf, Schultern, Herz, Hände, Rücken, Becken, Beine, Füße). Alle Frauen umarmen zum Schluss die Großmutter und wünschen ihr alles Gute.

Praktische Übung: Wahrnehmen unseres Bauches, des Ursprungs aller weiblichen Kraft und Macht:

- Leg deine Hand auf den Bauch: Ca. 2 cm unterhalb des Nabels ist dein »Mittelpunkt«. Versuche, ihn zu fühlen.
- Hier ist dein geistiges und physisches Zentrum, zugleich der »geographische« Mittelpunkt. Auch Männer haben dieses Zentrum, aber bei weitem nicht so deutlich spürbar, so ausgeprägt.
- Zieh deinen Bauch ein, spanne ihn an, dann lass ganz bewusst los, lockere deine Bauchmuskulatur. Wiederhole dieses Anspannen, Entspannen so oft, bis sich ein Gefühl der

Wärme oder ein Kribbeln entwickelt. Lass die Hand die ganze Zeit auf dem Punkt liegen. Hier ist der Ort, wo wir wie durch eine Nabelschnur mit dem Mittelpunkt von Mutter Erde verbunden sind. Alle Lebewesen sind mit ihr verbunden. Mit der Zeit werden wir immer stärker die Verwandtschaft spüren, die Stimme von Mutter Erde hören, die durch das Zentrum zu uns spricht. Diese Kommunikation geht nicht über den Kopf, sondern – im wahrsten Sinne!! – über den Bauch. Erfahre die Harmonie des Lebens über dieses Bauch-Gefühl, es ist so einfach und selbstverständlich!

- Setz dich, sooft es dir irgend möglich ist, auf die bloße Erde, besser noch: Leg dich mit dem Bauch auf sie und visualisiere eine Art Nabelschnur. (Sie kann so aussehen wie eine »echte«, weiß, gewunden, knotig, aber auch wie ein goldener Lichtstrahl oder eine Art grüner Liane – stelle fest, was du am besten imaginieren kannst!) Diese Nabelschnur lass nun in die Erde wachsen. Verfolge im Geiste ihren Weg: teilweise durch lockeren, satten Erdboden, teilweise durch Gesteinsschichten, durch Lehm, durch Magma, bis sie im Mittelpunkt, dem glühenden Herz der Mutter Erde, ankommt. Hier verbindet sich deine Nabelschnur nun mit den Milliarden von Nabelschnüren nicht nur deiner Mitmenschen, sondern aller beseelten Wesen. Fühle diese Verbindung, das Einssein mit Mutter Erde und all ihren Kindern. Es ist ein wundervolles, immens befriedigendes, warmes und einlullendes Gefühl. Ein Gefühl wie nach Hause kommen.
- Wenn deine Tage kommen, hocke dich draußen hin und blute in die Erde (gib ihr ein etwas anderes Blutopfer)! Tampons helfen nur, die Mondzeit zu ignorieren, weil sie nervt …

- Unser gesamtes kreatives Potential liegt in unserem Schoß. Wenn wir still sind und uns zurückziehen, können wir es hervorholen. Das Wissen um dein Zentrum soll dich nun in deinem Alltag, bei gar allem, was du tust, begleiten. Wenn du schöpferisch tätig bist, z. B. für dich selbst und deine Familie etwas Gutes kochst, mach es aus deinem Zentrum heraus, wenn du ein kleines persönliches Ritual ausführst, sei dir deines Mittelpunktes bewusst, und wenn du für jemanden eine Salbe mischst, lass dein Zentrum »mitmischen«!
- Das Kraftzentrum in uns ist ein Ort des Lebens, der Erneuerung (spürbar vor allem während einer Schwangerschaft), hier findet der Akt der Schöpfung statt, hier sitzt das Geheimnis des Lebens. Das Wissen darum ist ein riesiges Geschenk an uns Frauen. Mit unserem Schoß können wir nicht nur Kinder gebären, sondern Kreativität, Heilung und Spiritualität.
- Falls es nicht schon lange geschehen ist, dann mach jetzt Schluss mit Baucheinziehen, Beinezusammenpressen, sonst kann die Energie nicht fließen und wir sind abgeschnitten von der Kraft!
- Übe sooft wie möglich Bauchatmung: Leg die Hand auf deinen Bauch, hebe und senke sie durch die Atmung und spüre ganz bewusst dein Zentrum. Kräftige deine Bauchdecke, deinen Beckenboden, stärke deine Muskulatur: Muskeln anspannen, ausatmen, Bauch loslassen, einatmen. Überall wird heutzutage Beckenbodengymnastik angeboten – versuche es einmal damit, auch wenn du keine Probleme mit Inkontinenz hast, es wird dich überraschen, wie schnell du dein Zentrum als kraftvolle Quelle in dein Leben integrieren kannst!

Wenden wir uns nun in unserer ersten Stufe der zweiten Säule zu, der Magie, der Spiritualität:

STUFE I: MAGIE

Lies das folgende Kapitel, wenn nötig, mehrmals durch! So lange, bis du die Grundzüge eines Rituals gut nachvollziehen kannst. In der daran anschließenden Übung geht es um Reinigung. Probiere die diversen Reinigungen mit den verschiedenen Elementen aus! Besorge dir Räuchermaterial, leg dir ein gutes Buch über das Räuchern zu (siehe im Anhang Tipps zur Literatur!)

Magie, Spiritualität und die Verbindung zur Anderswelt

Oder: Das, was wir Frauen im kleinen Finger haben

Esoterik war lange Zeit für mich etwas, dem ich möglichst aus dem Weg gehen wollte – rein der Name nervte mich schon (der Begriff stammt aus dem Altgriechischen – esoterikos: »innerlich« – und bedeutet im ursprünglichen Zusammenhang eine für einen begrenzten »inneren« Personenkreis bestimmte philosophische Lehre im Gegensatz zur Exoterik als öffentlichem Wissen). Es war alles Unlogische, rational nicht Nachvollziehbare, nicht Greifbare, einfach bloßer Humbug. Und es verursachte mir Unbehagen, dass so viele Menschen, speziell Frauen, die ich schätzte – auch ob ihrer Intelligenz – so eifrig in alles ihre Nase steckten, was in diese unfassbare Richtung ging: Jede hatte ihr Bachblüten-Fläschchen bei sich, jede wusste nicht nur um ihr Sternzeichen, sondern auch um den Aszendenten und ihr ganz spezielles Quadrat zwischen Mond und Pluto, jede meditierte in der einen oder anderen Form und war per du mit irgendeinem Krafttier. Das Wissen um das keltische Baumhoroskop war beinahe die Voraussetzung für jedes Gespräch, das neueste Tarot-Deck dessen Grundlage. Als Skeptikerin, die ich immer war, blieb mir eigentlich nur mehr die Flucht entweder in Ironie und Zynismus oder eben nach vorne. Ich stellte es mir nun zur Aufgabe, alle diese esoterischen Richtungen so gut zu recherchieren und zu erforschen, dass ich überall den Hinkefuß und die versteckte Lüge entdecken und vor allem aufdecken würde.

Begonnen habe ich mit der Astrologie und schon sehr bald war ich fasziniert: Es war alles so stimmig, es ließ sich so viel von den großen Lebensfragen beantworten, ich entdeckte die Astrologie als wahre Lebenshilfe.

Ähnliches passierte mir später mit den Bachblüten: Ich ging davon aus, dass kleine Kinder, Pflanzen und Tiere sich einen Dreck um Placebo-Effekte scheren würden und dass dieses Gemisch aus Wasser und ein paar Tropfen Alkohol einfach spurlos verpuffen würde. Als dann mein damals 7 Monate alter Sohn das erste Mal durchschlief, nachdem ich ihm die Essenzen verabreicht hatte, die chronische Hauterkrankung unseres Katers verschwand und sich der Pilzbefall einer Zimmerpflanze in nichts auflöste, war ich einfach überwältigt.

Es blieb mir nun gar nichts anderes mehr übrig, als die Möglichkeit einzuräumen, dass diese Dinge zwischen Himmel und Erde wirklich existierten.

Seither ist viel Zeit vergangen. Skeptikerin bin ich immer noch und ich glaube nach wie vor, dass es ratsam ist, sich den vielen Strömungen, Lehren und Schulen mit Vorsicht zu nähern. Als richtig ansehen kannst du aber alles, was sich für deinen Bauch, dein weibliches Kraftzentrum gut anfühlt, und vor allem, was du dir selbst erarbeitet hast durch eigene Recherchen, durch eigenes Ausprobieren, durch Hineinfühlen ... Beginnen wir also:

Rituale feiern

Offenbar ist es den Menschen seit jeher ein immenses Bedürfnis, besonderen Zeit- und Wendepunkten, Wegscheiden usw. ihres Lebens einen eigenen Wert, Kraft und Bedeutung zu geben, indem sie diese mit einem Ritual »heiligen«. Alltagsrituale kennen wir ja alle, es ist uns aber oft nicht bewusst, dass sich da Tätigkeiten, die immer gleich ausgeführt werden, ritualisiert haben und uns durch dieses ständig bis ins Detail Gleichbleibende ein Gefühl der Sicherheit und Geborgenheit geben: das Ins-Bett-Bringen der Kinder mit dem Geschichten-Vorlesen, das Zähneputzen noch **vor** dem Gesichtwaschen, den Knochen für die Hunde nach ihrer Dusche usw usf.

Die besonderen Rituale, die uns ganz bewusst aus diesem Alltag herauskatapultieren sollen, können aus den verschiedensten Anlässen gefeiert werden: Jahreszeitenrituale, Rituale, um etwas besser loslassen zu können, um Kraft zu gewinnen, z. B. für Veränderung, um sich zu reinigen, um mit der Anderswelt in Kontakt zu treten, um Geburt, Schulbeginn, Eintritt in die Pubertät, Hochzeit und Tod Gewicht zu verleihen.

Richtlinien eines Rituals

Ein Ritual ist eine sehr persönliche Angelegenheit, die nicht von starren, sinnentleerten Dogmen beherrscht, sondern einerseits verantwortungsbewusst, andererseits aber vergnüglich, sinnlich und nicht allzu ernst sein sollte. Meiner Erfahrung nach ist es aber in jedem Fall leichter, mit der nichtalltäglichen Wirklichkeit in Kontakt zu treten, wenn man bestimmte grundlegende Regeln und Richtlinien einhält. Das heißt aber nicht, dass ein Ritual nicht funktioniert, wenn man zu einem bestimmten Zeitpunkt nicht die bestimmten Worte sagt oder in die bestimmte Richtung schaut, sondern diese Regeln sollen ein Grundgerüst sein, an das man sich halten kann, also eine kleine Hilfestellung:

- Jedes Ritual hat einen genau definierten Beginn und ein ebenso klares, deutliches Ende.
- Vor Beginn des Rituals sollte der Raum, in dem es stattfindet, gereinigt werden.
- Hilfreich ist ebenso, um die Grenzen nach außen hin (vor allem, wenn das Ritual im Freien stattfindet) zu verdeutlichen, einen Schutzkreis zu ziehen.
- Ich begrüße vor jedem Ritual die 4 Himmelsrichtungen und Elemente.
- Durchführung des eigentlichen Rituals.
- Verabschiedung der Elemente.
- Auflösen des Kreises.

So weit zur groben Struktur. Wesentlich wichtiger sind aber deine Freude und deine Kreativität.

Wenn du den Anlass und das Bedürfnis hast, ein Ritual zu feiern, überleg dir zuerst, ob es ein Ritual für dich ganz alleine sein soll oder ob du es mit anderen feiern willst.

Konzentriere dich jetzt auf den Anlass und verbinde dich mit der Mutter Erde: Lass deine Nabelschnur aus deinem Zentrum herauswachsen und sich mit dem Zentrum der Erde verknüpfen. Atme tief und leicht, spüre das Anwachsen der Kraft in deinem Bauch. Lass jetzt die Bilder hochsteigen: Welche Farben kommen daher? An welche Materialien und Gegenstände denkst du? Sind da Bilder von Pflanzen, von Tieren? Steigen Gesänge in dir hoch? Welche Elemente herrschen vor? Ist Tag oder Nacht?

Wenn es dir hilft, schreib deine Gedanken auf. Und dann beginn, aus den Bildern ein Ritual zu entwerfen.

Reinigung

Wenn du während deiner Verbindung keine klaren Vorstellungen von der Reinigung des Raumes und den mitwirkenden Personen bekommen hast, hier einige Vorschläge:

Reinigen mit Luft: Räuchern ist natürlich ein sehr großes Kapitel, zu dem ich eigene mehrtägige Seminare gebe, aber in diesem Rahmen möchte ich doch kurz von den wichtigsten Reinigungsräucherungen sprechen. Um mein eigenes Haus oder auch mich selbst vor Ritualen zu reinigen, benutze ich – außer ich habe andere Anweisungen – vor allem Salbei, Wacholder und Beifuß. Ich mag diese Kräuter deshalb ganz besonders, weil ich sie direkt vor der Haustür pflücken kann und ich immer nach Einfachheit und Nachhaltigkeit strebe. Genauso gut könnt ihr mit duftenden exotischen Harzen, Wurzeln, Rinden und Blüten reinigen: mit dem wertvollen Copal, mit Dammar, Mandelbaumharz oder diversen Weihräuchern, aber auch mit Iriswurzel, Lavendelblüten, Zedernholz oder dem südamerikanischen Palo Santo.

Wie räuchert man? Zum Reinigen ist meiner Meinung nach kräftiger Qualm angesagt, trotzdem sollte das Räuchergut nicht verschmort riechen. Also entweder mit Räucherkohle in einer feuerfesten Schale mit Sandbett (viel lieber mag ich ein Stück echte Holzglut aus einem echten Feuer), auf die noch einmal Sand gestreut werden sollte, mit einem Fächer (schöner und kraftvoller aber: mit einer oder mehreren Federn eures Lieblingsvogels) zum Anfachen. Oder mit »Räuchersticks«, die es zu kaufen gibt, die man sich aber auch selbst herstellen kann: Ein Büschel Salbei und Beifuß leicht antrocknen (sonst werden die Kräuter zu spröde, um sich noch formen zu lassen) und dann mit Baumwollfäden eng zusammenschnüren, erst danach bis zur vollständigen Trocknung aufhängen. Einen Räucherstick kann man einfach mit einem Zündholz oder Feuerzeug anzünden, er glüht dann von selbst weiter, vor allem, wenn er gut geschwenkt wird.

Die Light-Version oder wenn es an sonstigen geeigneten Materialien fehlt, sind Räucherstäbchen. Zum Reinigen sollten solche aus 100 % Naturmaterialien verwendet werden und um etwas mehr Rauch zu erzeugen, gleich 3 oder 4 angezündet und geschwenkt werden. Auch dich selbst reinige über dem Rauch: Reibe deine Hände wie beim Händewaschen, drehe und wende dich im Rauch, schöpfe den Rauch über deinen Kopf …

Auch während des Rituals sind schöne, den Geist und die Intuition anregende, öffnende Düfte wunderbar und da genügen ein paar kleine Körnchen einer Räuchermischung auf einem Stövchen, wo sie langsam vor sich hinschmoren können, ohne eine Menge Rauch von sich zu geben.

Reinigen mit Feuer: Feuer hat, wie alle anderen Elemente auch, eine stark reinigende Kraft. Nicht umsonst sind z. B. Feuerbestattungen in vielen Kulturen wesentliche Bestandteile der religiösen Gebräuche. Hitze in jeder nur erdenklichen Form, wie z. B. auch in Schwitzzeremonien, in denen glühende Steine zusammen mit Wasser (auch hier sind wieder alle Elemente vereint) die Teilnehmer zum Schwitzen bringen, dient der Reinigung. Wenn mein Ritual stark »feuerorientiert« ist, reinige ich auch vorwiegend mit diesem Element. Entweder ich stelle in jede Ecke des Raumes eine kleine Feuerschale oder ich umrunde den Raum mit einer brennenden Kerze. Auch deren Rauch kann nach dem Löschen des Dochtes noch der Reinigung dienen. Über dem Feuer reinigt man sich selbst wie mit Rauch.

Reinigung mit Wasser: Dieses Element kann sowohl innerlich auf körperlicher Ebene (indem man z. B. vor einem wichtigen Ritual einen Tag lang nichts isst, sondern nur Wasser trinkt) oder auch äußerlich zum Reinigen der Mitwirkenden und/oder des Raumes dienen (dass die Böden für ein Ritual gewischt sind, ist, ganz nebenbei bemerkt, ebenfalls Zeichen des Respekts gegenüber der Geisterwelt). Ich nehme die Wasserschale, die immer – mit einigen Blüten auf der Oberfläche schwimmend – auf dem Altar steht, tauche meine Fingerspitzen hinein und besprenge die Ecken des Raumes. Ebenso kann man natürlich (wie in der Kirche mit dem Weihwasser) einen Zweig einer reinigenden Pflanze dafür verwenden. Das Wasser kann auch mit ätherischen Ölen versetzt werden: Alles Erfrischende wie Pfefferminze, Eukalyptus, Zitrusfrüchte, aber auch Salbei, Wacholder usw. verstärkt den reinigenden

Effekt. Versetze dich wie üblich in die Verbindung und lass Bilder und Düfte in dir aufsteigen!

Man kann im Übrigen Räume mit Wasser noch ganz anders energetisch reinigen: Meinen jüngeren Sohn habe ich vor einigen Jahren beobachtet, wie er einen Raum für ein Ritual reinigte, indem er mit der Gießkanne eine Runde drehte!!

Reinigung mit der Erde: Entgegen unserer landläufigen Meinung ist Erde nicht schmutzig. Ernie Rainbows Sohn Standing Tree hatte das sehr gut erkannt, als er auf die Rüge seines Vaters, weil er seiner Meinung nach schon wieder total dreckig war, antwortete: »Vater, das ist kein Dreck, das ist die heilige Mutter Erde«…

Mit Erde lassen sich Räume – vor allem in der Natur – gut reinigen. Es kommt aber immer auf das Thema des Rituals an, letzten Endes soll alles ein großes Ganzes, eine Einheit bilden: von der Reinigung über die Art des Schutzkreises bis zu den mitwirkenden Elementen. Ich streue gerne Asche in die Ecken des Raumes. Auch Sand oder Erde kann verwendet werden. Bei einem Manifestationsritual, in dem ein Wunsch »auf die Erde geholt« werden soll, eignet sich das Reinigen mit diesem Element besonders gut: Hierfür habe ich einen ganzen kleinen Ritual-Platz im Freien mit feiner, duftender Walderde bestreut. Auch sich selbst oder die anderen Teilnehmer an der Zeremonie kann man nicht nur abräuchern, mit einer Kerze umrunden oder mit Wasser besprühen, sondern ebenso mit Sand oder Heilerde abreiben. Am schönsten natürlich, wenn man nach Ende des Rituals in einen Bach oder einen See oder gar ins Meer springen kann!

Nun kommen wir zur dritten Säule, der Kreativität.

STUFE I: KREATIVITÄT

Hattest du als Kind oder als Erwachsene kreative Hobbys? Textiles Arbeiten? Gedichteschreiben, Töpfern, Fotografieren? Was auch immer es war/ist: Hol dir das Werkzeug dazu wieder hervor und beginne erneut damit.
Geh dieses Mal aber einen Schritt weiter: Wenn du einen Schal zu stricken beginnst, dann sei dir deines Schaffens (Kreativität kommt vom lateinischen Wort »creare« = schaffen, erschaffen) bewusst: Du formst aus diesem Faden, aus diesem feuchten Brocken Lehm, aus diesem Stift und dem Papier etwas völlig Neues, etwas noch nie Dagewesenes. Verbinde dich mit deinem Zentrum, dann lass es fließen: Du wirst sehen, dass dein Werk dir unglaublich viel Freude bereitet! Du glaubst, dazu würdest du die Zeit nicht finden? Nun, ich bin der Meinung, das alles ist eine Sache der Prioritäten: Du entscheidest, was dir wichtiger ist: eine Stunde Fernsehen zur Entspannung (man kann übrigens sehr gut stricken, filzen, nähen, häkeln usw. neben dem Fernsehen) oder etwas Buntes, Schönes, Neues zu erschaffen. Zum 5. Mal die Treppe zu wischen bzw. das Bad zu schrubben oder dir etwas mehr Zeit zum Kochen zu nehmen und die Familie und dich selbst mit aufregenden exotischen Gaumenfreuden zu überraschen!

STUFE 2: HEILUNG

Setze dich in dieser Stufe intensiv mit den Qualitäten von Voll- und Neumond auseinander und mit den Parallelen zu deinem Körper: Wie fühlt sich dein Körper an, wenn deine Mondzeit kurz bevorsteht? Was beschäftigt dich emotional und geistig? Die Dunkelheit einer Neumondnacht, das Fließen, der Rückzug. Was empfindest du, wenn der Mond prall und leuchtend am Himmel steht, was, wenn dein Eisprung sich bemerkbar macht? Wenn du nicht mehr blutest: Sehnst du dich nach etwas Ungreif- und -fassbarem? Was ist es, kannst du es in Worte kleiden?
Zur Unterstützung dieses 2. Schrittes:

Steinübung

Die Suche nach dem richtigen Stein

Sammle runde, flache Steine, zu finden meistens in einem Bachbett oder an einem Kiesstrand am Meer. Leg einen nach dem anderen auf deinen Bauch, probiere auch gleich aus, ob er sich an die Konturen deines Bauches perfekt anpasst. Das Gewicht des Steins hilft dir bei den vielfältigsten Übungen, es ruft die Gedanken, wenn sie abschweifen, sofort zurück.

Übungen mit dem Stein

- **Mein Bauch, das Zentrum meines Universums:** Lege deinen Bauchstein auf dein Kraftzentrum. Fühle sein Gewicht, seine Rauheit oder auch Glätte und lass nun in Gedanken diesen Stein immer tiefer in dich hineinsinken, bis er sich genau zwischen deiner Bauchoberfläche und deiner Wirbelsäule befindet. Der Stein wird nun wärmer, er ist jetzt dein absoluter Mittelpunkt. Versuche, diesen Mittelpunkt zu visualisieren: Besteht er aus sanftem, goldenem Licht? Ist er feurig und lebendig? Pulsiert dort Energie? Wie sieht sie aus?
- **Reinigung mit dem Bauchstein:** Wenn du ausatmest, sende über dein Kraftzentrum alles hinaus aus deinem Körper, was unrein ist, was krank ist, was sich nicht gut anfühlt: ein heftiger Kopfschmerz? Lege dich hin, leite den Kopfschmerz in dein Zentrum, dann lass ihn von dort aus hinausgleiten. Mit jedem Atemzug lässt du los: körperliches Unwohlsein, Traurigkeit, bittere Gefühle.
- **Kraftsammeln mit dem Bauchstein:** Wenn du einatmest, saugst du Kraft und Energie aus dem Universum in dein Zentrum: Mit jedem Atemzug lass Licht, Liebe, Freude hineinfließen: Dein Kraftzentrum wird immer wärmer und berstend voll mit positiver Energie.
- **Und so vieles mehr:** Sei kreativ und überlege dir noch andere Übungen mit dem Bauchstein!

STUFE 2: MAGIE

Du kennst mittlerweile viele Arten, dich und dein Umfeld zu reinigen, und das ist die Voraussetzung jeder rituellen oder zeremoniellen Tätigkeit. Der nächste Schritt ist, den Raum, in dem du das Ritual abhalten willst, auch den Zeit-Raum, abzugrenzen gegen den Alltag, gegen das Eindringen von Fremdenergien, gegen Ablenkung und Gefahr. Setze dich mit diesem Kapitel intensiv auseinander, bevor du auch hier den nächsten Schritt wagst. Suche dir dann drei oder vier verschiedene Materialien, mit denen du deinen Ritualraum für diverse Rituale abgrenzen kannst!

Schutzkreis ziehen

Wieder beziehe ich dazu besonders gerne die Elemente ein und wieder kommt es darauf an, was man mit einem Ritual erreichen will, welche Absicht dahintersteht. Ein Schutzkreis soll:

- **schützen:** In vielen Geschichten über Magier wird von den Dämonen gesprochen, die nur darauf lauern, über die Zauberer herzufallen, wenn sie so unvorsichtig sind, den Kreis (in Form eines Pentagramms z. B.) zu verlassen. Ganz so gefährlich ist das Ganze nicht, nur sollte man sich sehr wohl immer dessen bewusst sein, mit welchen Kräften man umgeht. Ein Ritual in der Natur wird von den Naturgeistern meist als etwas Angenehmes empfunden, an dem sie auch gerne teilhaben. Sollten doch negative Energien im Umkreis sein, schützt ein Kreis erstaunlich gut. Auch habe ich schon erlebt, dass so ein Kreis für die Augen anderer Menschen und sogar für die Nasen von Hunden unsichtbar und unriechbar macht: Eine Freundin saß bereits den zweiten Tag ihrer Visionssuche in ihrem Kreis ziemlich weit oben auf einem Berg, da hörte sie Hundegebell. Sie sah einen Mann, gekleidet wie ein Jäger oder Förster, begleitet von zwei Hunden, direkt auf sie zukommen. Sie hatte zwar nichts angestellt, wollte aber – in ihr Ritualgewand gehüllt, mit einer heiligen Pfeife in den Händen, umgeben von Trommel, Räuchermaterial, eingesponnen in einen Kreis aus »tobacco-ties« – nicht unbedingt Rede und Antwort stehen. Erstaunt beobachtete sie dann aber, wie sowohl Mensch als auch Hunde ganz knapp an ihr vorübergingen, ohne sie auch nur im Geringsten zu beachten …

- **abgrenzen:** gegen die alltägliche Wirklichkeit. Der Kreis soll einen klaren Rahmen schaffen, in dem die heilige Handlung dann stattfinden wird.

Die Richtung des Kreises: Zeichne den Kreis zu Beginn des Rituals im Uhrzeigersinn, und wenn du den Kreis wieder auflöst, geh in die Gegenrichtung.

Materialien, die für Schutzkreise geeignet sind: Versetze dich in die Verbindung mit Mutter Erde, schau nach, welche Gegenstände, Kräuter, Elemente sie für dein Ritual vorschlägt. Hier einige Vorschläge von mir:

Elemente: Ein Kreis aus Kerzen, aus Steinen, Sand, aus Wasser, aus Rauch (in dem du z. B. mit einem angezündeten Räucherstick eine Runde um deinen Kultplatz drehst). Überleg dir selbst, wie du diese Kreise gestalten kannst!

Kräuter: Wieder im Hinblick auf den Zweck deines Rituals: ein Pulver aus Engelwurz, Rosenblüten oder Himbeerblättern? Oder eignen sich besser Beifuß, Fichtennadeln oder Heidelbeeren?

Ich hielt einmal ein Loslass-Ritual für eine Gruppe ab, in der Enttäuschungen und viele negative Gefühle die Einzelnen aneinanderhaften ließ. Für dieses Ritual streute ich einen Kreis aus Brennnessel-Pulver.

Bänder und Schnüre: Als ich das erste Mal auf Visionssuche ging, spann ich mir selbst mit meinem Spinnrad einen Faden aus den Haaren meiner Katze. Ich fühlte mich unwahrscheinlich beschützt und geborgen.

Kraftvoll sind alle selbstgesponnenen, -gewobenen Schnüre wie z. B. Schnüre aus Brennnessel-Fasern, Hanf, Birkenrindestreifen oder Fichtenwurzeln. Auch Schnüre mit kleinen Perlen und Edelsteinen (immer je nach Zweck) schützen, wichtig ist natürlich auch hier die Kraft der Wünsche und Gebete, die hineingewoben wird.

Für Lakota-Rituale werden Schnüre mit »tobacco-ties« hergestellt: In kleine Stoff-Vierecke (deren Farben wieder die verschiedenen Richtungen und »Medizinen« symbolisieren) werden jeweils eine Prise Tabak und ein Gebet geschnürt. Ich verwende für meine Visionssuchen allerdings keinen Tabak, sondern magische Kräuter, zu denen ich mehr Bezug habe. Welche würdest du wählen, was sagt dazu dein weiblicher Mittelpunkt?

Mein älterer Sohn litt im Alter von ca. 7 Jahren unwahrscheinlich unter Albträumen. Für ihn bastelte ich in einer Zeit, in der ich noch keine Ahnung von diesen Themen hatte und nur aus der Verzweiflung heraus, weil ich keinen anderen Rat mehr wusste, aus einer Schnur und kleinen auf Karton aufgemalten und dann ausgeschnittenen Pentagrammen eine Kette, die ich um sein Bett legte. Er hatte keine Albträume mehr …

Am einfachsten und durchaus nicht schwächer, vorausgesetzt, die geistige Haltung dahinter stimmt, ist das Ritzen eines Kreises in die Erde oder das Zeichnen eines solchen mit Kreide z. B. auf den Boden in der Wohnung.

STUFE 2: KREATIVITÄT

Du hast eventuell festgestellt, dass dich deine alten Hobbys nicht mehr befriedigen? Dann such dir neue. Es gab noch nie eine Zeit, in der man leichter an Wissen gelangte, als die unsere, auch an das Wissen um handwerkliche Fertigkeiten, kreatives Gestalten in jeder Form. An Volkshochschulen, in Gemeinden und Pfarreien werden Unmengen an Kursen angeboten: »Die traditionelle arabische Küche«, »Filzen von Osterschmuck«, »Neue Likör-Rezepte«, Volkstänze aus der Region, die tollsten Musikinstrumente kann man erlernen, von Schreib- und Mal- und Töpferkursen ganz zu schweigen. Deine Aufgabe in diesem Schritt: Blättere zumindest einmal das Volkshochschulprogramm deines Bezirkes durch. Und wenn dich etwas richtiggehend anspringt, ruf an und buche den Kurs!

STUFE 3: HEILUNG

Du machst jetzt einen weiteren Schritt in das Umsetzen des Wissens um die Mondzeit in den Alltag. Beobachte nun noch genauer deine Gefühle während dieser Zeit: Wie ist deine Körperwahrnehmung? Empfindest du deinen weiblichen Körper während der Mensis als extrem anders oder fühlst du keine Unterschiede zur »Normalzeit«? Wie steht es um deine Sensibilität? Bist du nur überempfindlich oder kannst du leichter Signale aus der Anderswelt empfangen und erfassen, ohne dich als seltsam oder gar hysterisch zu fühlen?
Wenn du nicht mehr blutest: Hast du dann die Empfindung, dass du permanent »auf Empfang« bist? Oder nimmst du dich eher als abgestumpft wahr, nicht mehr so hypersensibel? Ist das womöglich sogar eine Erleichterung für dich?

Beantworte bitte so ehrlich wie möglich diese Fragen, du bist darüber niemandem Rechenschaft schuldig außer dir, deinem Körper und deiner Weiblichkeit.
Sensibilisiere dich zunehmend für diese Gefühle, Empfindungen, und sollten sie unangenehm sein, betrachte sie und dann lass sie gehen. Denk daran, dass der Bauchstein dafür sehr hilfreich sein kann, übe mit ihm dieses Gehenlassen!

Die folgenden Meditationen sollen bewirken, dass das Einssein und die Verbindung zu allem Lebenden verinnerlicht werden, du vom intellektuellen Verstehen zu einem intensiven Fühlen gelangst, du z. B. die Wichtigkeit der Regenwälder für die Luft, die wir atmen, die Sauberkeit der Meere usw. mit allen Sinnen, vor allem mit dem Bauch fühlen kannst: Alles, was wir anderen Wesen antun, tun wir uns selber an. Durch diese direkte unmittelbare Verbindung ist es viel leichter, Wege zu finden, um in Harmonie mit allem, was ist, zu leben. Wenn wir so verbunden an unsere Menstruation herangehen, bekommen wir in dieser Zeit Informationen, wie wir gut leben, wie wir besser miteinander auskommen, was wir essen sollen, um gesund zu bleiben. Wir bekommen Wissen um Heilung, Wissen um ein Leben in Fülle und Frieden.

Meditationen für das Einssein

Du bist ein Fels

Suche einen Felsen, der dich anzieht. Leg die Hände auf die Oberfläche des Steins, spür seine Oberfläche wie eine Haut – deine Haut: Ist sie warm, seidig glatt, rau, rissig? Schlüpfe in ihn hinein. Spüre das Alter dieses Wesens: Was hat es alles erlebt, gesehen? Sintfluten und Stürme, Kriege und Einsamkeit, Sonnenschein und äsende Rehe, Ruhe und Frieden … Werde zum Felsen: Du bist uralt, du bist unendlich weise, du fühlst, aber dich bringt nichts mehr zum Schwanken, du stehst wie ein Fels …

Du bist ein Baum

Begib dich zu einem großen, einem besonderen Baum, zu dem du schon immer eine Beziehung hattest. Lehne dich an ihn, lege deine Hände auf seine Rinde und deine Stirn an seinen Stamm. Versuche, eine Verbindung aufzubauen. Vielleicht nimmst du die Energie des Baumes als ein Kribbeln wahr, vielleicht als warmen Hauch, eventuell auch als eine Art Spannung, als Ziehen in deinen Händen. Beginne, in den Baum hineinzuwachsen, mit ihm zu verschmelzen. Du spürst seine Rinde als deine Haut: Den Wind, der durch seine Zweige streicht, spürst du in deinen Haaren. Die Regentropfen auf seinen Blättern benetzen deine Finger. Deine Wurzeln sind seine Zehen, durch die er die satte, schwere Erde fühlt, die sich in den Boden krallen, dein Wipfel blickt in die Ferne, deine Äste beherbergen Vögel und Insekten. Durch deine Zellen wandelst du Stick- in Sauerstoff um und gibst der Welt die Luft zum Atmen.

Du bist das Meer

Lege dich ins seichte Wasser an einer möglichst sandigen, weichen Stelle. Überlass dich dem Rhythmus, in dem die Wellen an den Strand schwappen. Fühle die Samtigkeit des Wassers auf deiner Haut, ***werde*** zum Wasser. Passe deinen Atem dem Wellenrhythmus an, atme mit dem Meer. Nimm die Größe, die Sanftheit, aber auch die Unberechenbarkeit und ungestüme Kraft des Meeres wahr.

Du bist der Wind

Geh an einem windigen Tag hinaus ins Freie, an einen Platz, wo du für dich bist. Schließe die Augen, breite deine Arme aus und lass den Wind dich umschmeicheln, an dir zupfen und reißen, lehne dich gegen seine Kraft, lass dich tragen. Atme den Hauch, den Stoß, den Strom ganz tief ein, spür die Lebendigkeit, das Gaukeln, das Brausen. Verwandle dich in den Wind. Wie fühlt es sich an, über die Wiese zu streichen? Um die Bäume zu heulen? An den Felsen zu zerren? Das Wasser zu peitschen? Werde zum Wind!

Durch diese Übungen wirst du dir dieses ureigensten Frauen-Weges mehr und mehr bewusst, übe, arbeite damit, verknüpfe die Übungen mit deinem Alltag!!! Du wirst feststellen, dass sich etwas verändert: Frau zu sein wirst du immer mehr als etwas sehr Kraftvolles und Mächtiges empfinden …

Versuche nun, den Umgang mit deinem Körper zu verbessern: Nimm seine Rhythmen, sein Wohlbefinden, aber auch seine Schmerzen bewusster wahr! Woher kommen sie? Was bringt deinen Körper dazu, sich besser zu fühlen, worauf reagiert er mit Entspannung und Wohlbehagen? Unterstützung zu diesen Überlegungen bringt vor allem die Meerübung (die natürlich auch – mit etwas Phantasie – in der Badewanne funktioniert!).
Wenn du durch diese Meditationen dem Gefühl des Einsseins nähergekommen bist, wenn es dir mehr und mehr gelingt, dich in der Schöpfung geborgen und getragen zu fühlen, dann ist es an der Zeit, mit einem Ausflug in die größeren Zusammenhänge einen Abschnitt anzugehen, der für Frauenwissen immens wichtig ist (und wo sich die drei Stränge – Heilung, Magie und Kreativität – wieder eng miteinander verflechten!): die Kräuterheilkunde.

Der Mond, die Pflanzen und die Frauen: eine fruchtbare Symbiose

Mittlerweile gibt es bereits in jeder Buchhandlung, jedem Lebensmittelladen und jeder Tabaktrafik einen Mondkalender zu kaufen. Und das ist gut so, denn speziell Frauen, die durch ihren Zyklus dem Mond so nahe sind, sollten zumindest rudimentär über seinen Einfluss Bescheid wissen.

Ich habe viele Jahre intensiv mit dem Mond gearbeitet und manches in der Zwischenzeit wieder verworfen. Aber die Dinge, die mit meinem Körper zu tun haben, und die Vorgänge, die Pflanzen betreffen, sind so eng mit dem Mond verbunden, dass ich mich bei diesen Themen sehr wohl an seinem Wachsen und Abnehmen und den Tierkreiszeichen, in denen sich der Mond gerade befindet, orientiere. Es ist in diesem Rahmen nicht nötig, einen allzu großen Ausflug in die Thematik zu machen, vor allem, weil es darüber jede Menge Literatur gibt, ein paar grundlegende Prinzipien möchte ich trotzdem anführen, viel mehr ist – außer einem Mondkalender – nicht nötig.

Wenn ich meinem Körper oder meinen Pflanzen etwas zuführen möchte, wenn es um Aufnehmen geht, mache ich das bei **zunehmendem Mond**:

- meinen Körper stärken durch spezielle Nahrungsmittel, Mineralstoffe, Vitamine, die inneren Organe kräftigen durch das Konsumieren von bestimmten Tees oder Frischpflanzen
- meine Haut und meine Haare aufbauen mit Kräuterextrakten, ätherischen Ölen und pflanzlichen Fetten
- meine Pflanzen düngen, ihnen stärkende Kräutersude verabreichen …

Wenn ich etwas loswerden will, wende ich die diversen Verfahren bei **abnehmendem Mond** an:

- Warzen, Hautunreinheiten, Schuppen entfernen
- entschlacken, entgiften, alles, was den Körper reinigt
- abnehmen, störende Körperbehaarung entfernen usw.
- Meine Pflanzen von Ungeziefer befreien…

Bitte beachte, dass dein Körper – deine Pflanzen – zu **Vollmond** am meisten Blut bzw. Saft verlieren, wenn sie verletzt werden. D. h., wenn du die Möglichkeit hast, einen Operationstermin zu beeinflussen, dann setze ihn nie um den Vollmond herum an! Wenn du einen Baum oder Strauch beschneiden musst, dann mach das ebenso nicht zu diesem Zeitpunkt, er könnte sonst regelrecht ausbluten und daran sterben.

Zu Vollmond menstruieren (und nach meiner Beobachtung neigen alle Frauen dazu, deren Mond in einem Feuerzeichen steht: Widder, Löwe, Schütze), bedeutet ebenfalls meist größeren Blutverlust: Also auf Blutbildendes und Blutstillendes achten. Viel Ronen, Brennnesseln, alle roten Früchte und Beeren essen, Tees mit Schafgarbe, Hirtentäschel und Blutwurz trinken, sonst könntest du dich schnell geschwächt und entkräftet fühlen!

Andererseits nehmen der menschliche Körper und Pflanzenwesen zu Vollmond alles leichter/besser auf, was sie aufnehmen sollen.

Auch der **Neumond** ist ein Zeitpunkt, der Beachtung finden sollte: Zu diesem Datum einen Fastentag einlegen wirkt wahre Entschlackungswunder und außerdem fällt der Verzicht auf Essen leichter als sonst. Wenn meine Rosen wieder einmal stark von Läusen befallen sind, verabreiche ich ihnen ihre Schmierseife-Tabak-Behandlung kurz vor oder exakt zu Neumond. Die Blutungen um den Neumond herum sind weniger heftig, sowohl emotional als auch körperlich gesehen. Frauen mit ihrem Mond im Zeichen Krebs, Skorpion oder Fische neigen dazu.

STUFE 3: MAGIE

Du hast jetzt den Raum, in dem dein Ritual stattfinden soll, gereinigt und ihn abgegrenzt. Übe diese Schritte, bis sie völlig »normal« sind, zu deinem Alltag gehören. Erst dann bist du bereit, den wohl wichtigsten Schritt zu machen, um ein Ritual zu beginnen. Auch dieses Begrüßen der Geistwesen, dieses Hereinbitten in deinen Raum, sollte zur Selbstverständlichkeit werden.

Begrüßung der Richtungen und der Elemente

Diese Begrüßung ist eine Einladung an die Geistwesen, mit dir zu feiern und dich gleichzeitig bei deinem Vorhaben zu unterstützen. Deshalb gehe ich an diese Begrüßung respektvoll und sorgfältig heran.

Auch hier gebe ich nur Richtlinien, an die du dich am Anfang halten kannst, mit der Zeit solltest du deine ganz eigenen Worte, Gesten, Gesänge usw. finden!

Ich wende mich mit meinem ganzen Körper und auch meinem Geist dem **Osten** zu. Ich strecke meine Arme in diese Richtung und blicke hinüber. Dann spreche ich (jedes Mal etwas anders, die Worte sollen ***nie*** auswendig gelernt sein, sondern immer spontan aus dir herausströmen. Besser gar nichts sagen oder nur ein paar ganz nüchterne Worte als etwas, das nicht direkt aus deinem Herzen kommt):

Ich begrüße euch, ihr Geistwesen des Ostens, dich, aufgehende Sonne (ich imaginiere mir die Sonne dazu, auch wenn ich mich in einem geschlossenen Raum aufhalte bzw. es vielleicht Abend oder Nacht ist), wärme mich mit deinen Strahlen! Leuchte in mein Herz und gib ihm den Frohsinn und die Kreativität der Kindheit, die Leichtigkeit des Frühlings und des Geistes, allen Werdens und Keimens, die Frische des Morgens! Ihr Wesen der Luft, ihr Geflügelten, kommt zu mir und bleibt bei dieser Feier, unterstützt mich und heiligt diesen Ort durch eure Anwesenheit!

Dann wende ich mich in den **Süden**, lasse mir in meiner Vorstellung durch die im Zenit stehende Sonne das Gesicht erhitzen und spreche (oder manchmal singe ich auch):

Ich grüße euch, ihr Wesenheiten des Südens, des feurigen Elementes, ich heiße Pflichtgefühl und Verantwortungsbewusstsein des Erwachsenenalters willkommen, die Macht des Mittags, die Hitze des Sommers und den Duft der Blüten und der Früchte. Ich lade euch ein, ihr Raubtiere, alles, was wild und voll roher Kraft und unbeugsamem Willen ist, unterstützt mich in meinem Vorhaben!

Ich wende mich (und natürlich gleichzeitig alle, die an dem Ritual teilnehmen) in den **Westen**, spüre die Feuchtigkeit der Dämmerung und das sanfte goldene Licht der untergehenden Sonne. Ich sage:

Ich grüße euch, ihr Geister des Westens, ihr Wesen des Wassers, ich grüße das Alter, die Weisheit, den Herbst mit der Ernte eines langen Sommers oder Lebens, die Gefühle und

Emotionen. Ihr Wasserwesen, kommt, um an diesem Ritual teilzunehmen!

Dann wende ich mich in den **Norden**, wo ich auch den kalten Hauch der Nacht und des Winters spüre:

Ihr Wesen des Nordens, der Dunkelheit, der Nacht, ich begrüße euch. Element der Erde, Materie, Stein, Fels, Härte, Tod und Wiedergeburt, seid willkommen und lehrt uns das Leben und das Licht! Ihr großen Herden, die ihr alles Werden und Vergehen symbolisiert, seid bei uns und stärkt uns.

Ich blicke zu Boden, stelle mich etwas breitbeiniger und fester hin: **Mutter Erde,** du trägst uns, du bist immer da, du heilst, nährst, lehrst uns. Gib uns von deiner Mütterlichkeit, vergib uns, dass wir dich noch immer so wenig achten.

Unter unseren Füßen die Untere Welt, Teil der nichtalltäglichen Wirklichkeit, alle Verbündeten und Krafttiere. Seid bei uns und unterstützt uns bei unserem Ritual!

Ich blicke und greife nach oben und versuche, das Unendliche des **Firmaments** zu fühlen. Ich grüße den Himmel über uns mit allen seinen Sternen, Planeten, Sonnen, ich grüße Großmutter Mond und Vater Sonne, leuchtet uns, bringt Weite und Erhabenheit in unser Leben! Seid bei uns! Willkommen auch die Wesen der Oberen Welt, die Lehrer und Weisen, die uns an ihrem Wissen teilhaben lassen.

Zuletzt drehe ich mich um mich selbst, beide Arme ausgestreckt, und begrüße den **lebendigen Geist**, der in mir und in allem wohnt und alles Lebendige verbindet, und lade ihn ein, bei uns zu sein. Auch heiße ich voller Liebe die Geistwesens des Ortes, an dem ich mich befinde, ein, die Hüter des Platzes, alle Wesen, die mir wohlgesonnen sind und an dem Ritual teilhaben wollen.

STUFE 3: KREATIVITÄT

Such dir ein Brennnessel-Rezept aus und koche es. Mach es aus deiner Mitte heraus, lass dich von deinem Kraftzentrum leiten. Vor allem, wenn es an's Würzen geht, versuch, deinen Kopf auszuschalten und nur mehr auf deinen Instinkt zu hören!

Solltest du wegen der Jahreszeit keine Wildkräuter finden, mische eine Salbe:

- Kauf dir in der Apotheke 100 g Johanniskrautöl, eine kleine Flasche Lavendelöl und 35 g Bienenwachs.
- Bereite ein Wasserbad, indem du einen Topf mit Wasser erwärmst und einen etwas kleineren Topf mit dem Öl und dem Bienenwachs hineinstellst.
- Sobald das Bienenwachs vollständig geschmolzen ist, nimm den Topf vom Wasser.
- Rühre ca. 10–15 Tropfen Lavendelöl darunter.
- **Kaltrühren:** Das bedeutet, dass du jetzt so lange ununterbrochen rührst, bis die Salbe komplett erkaltet ist und eine tolle cremige Konsistenz hat. Solltest du dich entscheiden, nicht mehr zu rühren und die Salbe im noch heißen flüssigen Zustand in Tiegel abzufüllen, wird sie erstarren und die Konsistenz nicht deinen Vorstellungen entsprechen. Diese Methode ist angesagt, wenn man z. B. einen Lippenbalsam herstellt, nicht aber bei Salben.
- **Wie wirkt die Salbe?** Du kannst sie überall verwenden, wo Schmerzen auftauchen: Muskelschmerzen (das Johannis-

krautöl wirkt lindernd auf alle Nervenschmerzen, sprich: auf alles, was weh tut!), Kopfschmerzen (auch das Lavendelöl wirkt sehr angenehm erfrischend und schmerzstillend), Neuralgien, Verspannungen usw. Auch ist das Johanniskraut ***die*** Verbrennungspflanze, d. h., wenn man unter Sonnenbrand leidet oder sich an einer heißen Platte verbrannt hat, wirkt es wahre Wunder. Aber:

- **Achtung:** Johanniskraut macht die Haut lichtempfindlicher, d. h., so lange es verwendet wird, höheren Sonnenschutzfaktor wählen bzw. ganz auf Sonne verzichten!
- Viel Freude mit der Salbe …

Gleich, ob es eine Suppe werden soll, oder eine Heilsalbe: Die Hexen früherer Zeiten (und Gott sei Dank mehr und mehr auch die heutigen!) sangen beim Kochen. Sagten ihre Zaubersprüche auf. Summten vor sich hin. Durch dieses Singen füllst du Speisen und Salben mit guter Energie, mit Wärme, mit Liebe, mit Fürsorglichkeit. Das macht alles noch wesentlich wertvoller, heilsamer, nährender. Denk dir deine eigenen Kochlieder aus!

Ein möglicher Text:
Gute Geister, füllt mit Leben
diese Suppe für die Meinen!
Mutter Erd' hat uns gegeben
von all diesem Feinen.

Oder:
Heile Wunden,
schließe Schrunden,
gute Salbe mein.
Lindere Schmerzen,
öffne Herzen,
mach Unsaubres rein!

Du wirst sehen, wie viel Spaß es macht, die eigenen Sprüche zu reimen und Lieder zu kreieren, von der immensen Wirkung mal ganz abgesehen …
Gerade an diesem Beispiel kann man wieder gut erkennen, dass Kochen ohne Magie nicht möglich ist und dass gutes Essen Heilung pur ist. Hier verflicht sich der Zopf aus den drei Strängen bereits ganz eng!

STUFE 4: HEILUNG

Geh als Beobachterin in diese vierte Stufe deiner eigenen Heilung. Sieh dich um: Welche Mütter und Großmütter umgeben dich? Kannst du dich mit ihnen identifizieren? Was fehlt ihnen, was würde sie heil und ganz machen? Setze dich mit anderen Frauen auseinander – dazu eine Übung, die du gar nicht alleine machen kannst:

Stab-Technik

Man findet sie auch in diversen asiatischen Kampfsporttechniken, die ebenso aus diesem Kraftzentrum heraus agieren: Für diese Übung brauchst du eine zweite Frau. Das ist auch eine Gelegenheit, mit einer Freundin oder Nachbarin über deine sieben Schritte zu sprechen. Vielleicht findest du in ihr eine Gleichgesinnte, die mitmachen möchte?

Sucht einen Stock und klemmt ihn zwischen eure Bäuche und haltet ihn dort ohne Hilfe der Hände. Jetzt beginnt, euch gegenseitig hin und her zu schieben, versucht, aus dem Zentrum heraus zu laufen, vielleicht sogar zu tanzen. Mal führt die eine, mal die andere. In meinen Kursen entstehen bei dieser Übung meist spontan witzige, energiegeladene Tänze mit viel Freude und Gelächter.

Und langsam eine Überleitung zu einem ganz großen, ganz wichtigen Kapitel, einem Kapitel, das offensichtlich speziell für Frauen gemacht ist. Meine Kräuterausbildungen werden zum weit überwiegenden Teil von Frauen besucht, eine bekannte Kräuterkundige, die ebenfalls Ausbildungen anbietet, meinte sogar, dass sich bei ihr überhaupt nur ganz selten ein Mann dazu anmelde. Was wir beide bedauern, denn auch Männern würde das Wissen um die Pflanzenwesen, deren ganz eigene sanfte Energie nicht schaden, im Gegenteil!

Ich hatte das riesige Glück, von einer wahrhaft wissenden Großmutter lernen zu dürfen, von Eltern und Verwandten umgeben zu sein, die alle in der Natur sehr tief verwurzelt waren und sind und dieses Wissen um die Zusammenhänge, um Wachsen, Gedeihen, Gesundheit usw. weitergaben und förderten. Natürlich ist es nicht möglich, in diesem Rahmen mehr als einen kleinen Einblick zu geben, aber vielleicht gelingt es mir, die Liebe zu Pflanzen in dir zu wecken oder anzufachen. Schon alleine dadurch würde es sich für mich gelohnt haben, dieses Buch geschrieben zu haben!

Magische Pflanzen, Küchenkräuter, Wildgemüse … und was das eine mit dem anderen zu tun hat

Fast alle Frauen haben eine besondere Affinität zu Pflanzen, Blumen, Kräutern. Dass Pflanzen außer der physischen auch noch eine geistig-seelische Komponente haben, ist – wenn auch vielleicht nicht bewusst, so doch irgendwie spürbar. Wir wissen, dass der Kaktus am Fenster wieder zu blühen beginnt, wenn wir liebevoll mit ihm reden, Bachblüten und homöopathische Globuli wirken oft wahre Wunder, Räucherpflanzen stehen uns im Alltag zur Seite wie verdauungsfördernde Küchenkräuter auch und wir sind uns sicher, dass rein die Schwingungen einer Pflanze imstande sind, Krankheiten zu heilen, unsere Stimmung zu verbessern und dicke Luft in einem Raum zu beseitigen.

Es gibt eine ganze Menge magischer Pflanzen in unserem Umkreis, die wir gezielt einsetzen können, um uns unser Leben zu erleichtern, unsere Wahrnehmung zu stärken, uns zu schützen und zu reinigen.

Wir werden uns aber nicht nur diesen Aspekten zuwenden, sondern gleichzeitig auch einen Streifzug durch die mehr physische Welt der Kräuter unternehmen. Du wirst feststellen, dass alle drei Säulen der Weiblichkeit – Heilen, Kreativität und Magie – hier mehr und mehr zusammenfließen, sich zu einem festen Zopf verflechten: Denn wie wäre z. B. das Kochen einer Wildkräutersuppe möglich ohne Kreativität, ohne Heilung durch die entschlackende und entgiftende Wirkung der Pflanzen, ohne Magie?

Jede Frau sollte sich im Laufe ihres Lebens ihre ganz persönliche »Grüne Neune« oder »Grüne Elfe« oder »Grüne Dreizehne« zusammenfinden. Darunter verstehe ich Pflanzen, die ganz in der Nähe wachsen, die schon durch ihre pure Anwesenheit förmlich schreien: »Nimm mich, ernte mich, verkoche mich, du brauchst mich!« Geh hinaus vor die Tür und schau, was da so alles gedeiht: Meist sind es die allerunscheinbarsten, oft sogar die unbeliebtesten Gartenunkräuter, die die wichtigsten Inhaltsstoffe beinhalten, um dich von deiner chronischen Gastritis zu heilen, deinen Kindern die Bronchitis auszutreiben und deinem Geliebten die Prostata zu kurieren. Ich selbst habe in vielen Jahren die folgenden Pflanzen *(Seite 79 ff)* als diejenigen entdeckt, die immer in meiner allernächsten Nähe wachsen, immer zur Verfügung stehen und mir somit auch immer ihre heilenden, stärkenden, reinigenden und beruhigenden Eigenschaften schenken.

Eine Pflanze ist mehr als die Summe ihrer Inhaltsstoffe. Sie ist auch kein Behälter, gefüllt mit bestimmten Chemikalien, sondern ein lebendiges Wesen, das uns nähren, heilen und vieles lehren kann.

Die angeführten Pflanzen können in großer Vielfalt angewendet werden. Ich werde jetzt verschiedene Anwendungsmöglichkeiten beschreiben und die Kürzel dafür dann bei den einzelnen Kräutern auflisten.

Zubereitungsmöglichkeiten der Wildkräuter

Tee (T)

- Frische Pflanzen mit kochendem Wasser übergießen, 10 Minuten ziehen lassen (Aufguss).
- Trockene Kräuter mit kaltem Wasser ansetzen, aufkochen lassen, 10 min ziehen lassen.
- Rinden, Wurzeln, kieselsäurehältige Pflanzen kalt zustellen, weichen lassen, aufkochen, 5–10 min leise köcheln lassen.

Kaltauszug (KA)

- bei Gerbstoffträgern (Gerbstoffe werden von heißem Wasser nicht optimal herausgelöst),
- eisenhältigen Pflanzen

- und Schleimdrogen (wie der Wegmalve).
- z. B. Kaltauszug aus der Brennnessel bei Pubertät, Schwangerschaft, Stillzeit (Eisen!): Frisches, gehacktes Kraut eine Nacht lang in einem Glas Wasser bei Zimmertemperatur ziehen lassen, abseihen, in kleinen Schlucken trinken.

Tinktur (TI)

- Den alkoholischen Auszug aus der getrockneten Pflanze bezeichnet man als Tinktur.
- Die Pflanzenteile werden in ein weißes Schraubglas geschichtet und mit mindestens 60 %igem Alkohol übergossen.
- Das Glas wird an einem sonnigen, warmen Platz belassen und jeden Tag einmal kräftig geschüttelt.
- Nach 10 bis 14 Tagen kann abgeseiht und in dunkle Flaschen gefüllt werden.
- Achtung: Sofort – auch bereits im Glas – beschriften, denn man vergisst unglaublich schnell, was sich drin befindet. Und spätestens in der Flasche ist es quasi unmöglich, herauszufinden, welcher Ansatz drin ist! Beschriftung mit Inhalt und Datum.

Extrakt (E)

- Das ist der Auszug aus der frischen Pflanze.
- Die Vorgehensweise ist die gleiche wie bei der Tinktur.

Ölansatz (Ö)

Bekannt und in fast jedem Haushalt Tirols noch immer zu finden ist das Johanniskrautöl. Es wird als Verbrennungs-, Wund- und Massageöl verwendet. Allerdings stelle ich immer wieder fest, dass das Wissen um die optimale Herstellung dieses und anderer Öle fast in Vergessenheit geraten ist. Jeder hat so seine Geheimrezepte, aber meist ist man dann enttäuscht, wenn die Wirkung zu wünschen übrig lässt.

- Das Kraut sollte trocken von Tau und Regen sein, denn feuchtes Kraut schimmelt leicht in einem Ölansatz. Nicht waschen!
- Auch sollte es frisch geerntet sein: Öl ist kaum imstande, aus getrocknetem Kraut irgendetwas auszuziehen (außer, es wird ausgekocht).
- Wie bei Extrakten und Tinkturen wird das frische Sammelgut lose in ein helles Schraubglas geschichtet und dann mit Öl übergossen, bis es gut bedeckt ist.
- Am Anfang meiner »Kräuterfrauenkarriere« nahm ich noch wertvollstes kalt gepresstes Öl, mittlerweile weiß ich, dass dieses wesentlich schneller ranzig wird, und es ist schade, wenn man etwas so Wertvolles vorzeitig wegschütten muss!
- Auch wurde mir vor Jahren gesagt, ein Ölansatz müsse atmen können, d. h., man solle ihn nicht mit einem Schraubdeckel verschließen, sondern ein Tuch drüberbinden. Das Problem bei dieser Methode ist allerdings, dass das Sammelgut die Tendenz hat, nach oben zu schwimmen und sich dann als fester Klumpen an der Oberfläche sammelt und zu schimmeln beginnt. Ich habe es deshalb als die bessere Methode erfahren, das Glas mit einem Deckel fest zu verschließen und jeden Tag ordentlich durchzuschütteln.
- Je nach Sonneneinstrahlung wird das Glas 4 bis 6 Wochen an der Sonne gelassen und dann abgeseiht.
- In dunkle Flaschen füllen und beschriften.

Kräuter zum Genießen (G)

- **Salat:** Die gesammelten Kräuter werden gut gewaschen und entweder in einen Gartensalat gemischt oder »pur« verwendet (auch über ein Butterbrot gestreut mit etwas Salz drüber).
- **Spinat:** Ähnlich dem Gartenspinat können viele Kräuter verkocht werden: Je weniger kochen nötig ist, desto mehr Inhaltsstoffe bleiben erhalten!
- **Soßen, Suppen:** Vor allem Wurzeln eignen sich hier hervorragend als Beigabe.
- **Grüngetränke:** Als Basis nehmen wir Naturjoghurt oder Buttermilch oder auch Acidophilusmilch. Die gesammelten Kräuter werden klein gehackt und mit dem Pürierstab in die Basis gequirlt. Es gibt entweder die Möglichkeit eines pikanten Grüngetränkes (mit Salz, Pfeffer, Knoblauch usw. würzen) oder eines süßen (Honig, Zimt, Vanille usw. beifügen)
- **Aufstriche, Dips:** Bei einem Aufstrich ist die Basis mit etwas mehr Topfen (Quark) und etwas weniger Joghurt und eventuell Sahne oder Sauerrahm, bei einem Dip umgekehrt anzumachen. Die Kräuter klein hacken, mit Salz, Pfeffer, Knoblauch, Paprika usw. vermischen.
- **Smoothies:** Sie sind in den letzten Jahren in jedem Kühlregal aufgetaucht: Flüssiges Obst, sehr schmackhaft, Kinder lieben sie, mir geht allerdings das Beißen dabei ab. Für alle, die sich einmal an grünen Smoothies versuchen wollen:
  - zwei Bananen
  - zwei Kiwis
  - eine Rispe Trauben
  - eine Handvoll Wildkräuter

Alles mit dem Pürierstab durchmixen. Schmeckt wirklich toll und ist die Vitaminbombe pur – kann unendlich variiert werden!

STUFE 4: MAGIE

Du hast jetzt diverse Reinigungen geübt, die Abgrenzung klappt, die Begrüßung der Spirits ist dir geläufig. Nun bist du bereit, vollständige eigene Rituale zu entwerfen. Am Anfang ein paar Beispiele, Anregungen, die natürlich je nach Bedarf abgewandelt werden können, damit du eine Vorstellung bekommst, wie eine Zeremonie aussehen ***kann****. Wichtig ist, dass du selbst mit deiner ganzen Kraft und Kreativität an ihr arbeitest!*

Verschiedene Arten von Ritualen

Reinigungsrituale
Loslassrituale
Übergangsrituale
Beschwörungsrituale
Heilungsrituale … u. v. a. m

Material für Rituale

Man kann zwar ohne Weiteres, um das Element Wasser zu fassen, einen Plastikbecher verwenden, denn auch hier kommt es vorrangig auf die Geisteshaltung an, aber du wirst feststellen, wie viel Freude es macht, sich nach und nach eine Art »Werkzeugkasten« für Rituale zusammenzustellen. Meiner ist noch immer nicht vollständig, ändert seinen Inhalt permanent und immer wieder »stolpere« ich über Dinge, die für meine Ritualarbeit noch besser geeignet sind als die bisher dafür verwendeten.

- Kerzen in allen möglichen Farben (Farbsymbolik!). Kerzenständer in den verschiedensten Formen und Stilrichtungen, nur Bedeutung müssen sie haben
- Schalen und Tableaus
- Tücher und kleine Teppiche
- Schöne Gefäße, die die Elemente und sonstiges feines Material »beherbergen« (einen uralten Krug mit Deckel, in dem mein Großvater seinen Tabak aufbewahrte, verwende ich als Gefäß für meinen Sand, den ich am Meer gesammelt habe, ein von meinem kleineren Sohn getöpfertes Schüsselchen beinhaltet selbst gefundene und geschliffene Edelsteine und in einer filigranen Messingschale meiner Großmutter ruht das Wasser. In einem keltischen Kelch, den ich auf einem Flohmarkt von einem alten Roma erhandelt habe, entzünde ich mein heiliges Feuer und meine Räucherkräuter liegen in einem Birkenrindengefäß, das mein älterer Sohn als Erstes seiner Survivalstücke hergestellt hat). Daraus kannst du ersehen, dass magisches Werkzeug auch von sich aus schon Kraft haben kann und nicht erst von dir verliehen bekommen muss, wenn es mit viel Liebe und guten Gedanken aufgeladen worden ist …

Einige Rituale und Zeremonien zum »Nachempfinden«, zum Adaptieren, um Anfängerhemmungen abzubauen:

Räuchern als Ritual

Du fühlst dich schon seit Tagen nicht wohl in deiner Haut und weißt nicht, warum? Du hattest jede Menge Krach und ungute Gefühle unter deinen Lieben oder am Arbeitsplatz? Oder du schwächelst vor dich hin und wartest nur noch auf das Ausbrechen einer Grippe?

Zeit für ein Räucherritual:

- Verbinde dich mit der Mutter Erde und suche nach den richtigen Räuchermaterialien für deine spezifische Situation.
- Bereite alles vor, was du brauchst: Räucherstoffe, Feuer, Sand, Kohle, Fächer, was auch immer.
- Ziehe einen Kreis.
- Begrüße die Richtungen und Elemente.
- Dann formulier dein Anliegen, z. B.: »Ich möchte mich von allen negativen Gefühlen reinigen, die mich schon seit Tagen schwächen.«
- Zünde dein Räuchermaterial an und beginne, dich von oben bis unten und von außen bis ganz innen, von hinten und vorn … abzuräuchern: Reibe deine Hände wie unter einem Wasserstrahl im Rauch. Drehe und wende dich im Rauch. Rubble dein Haar, als ob du unter der Dusche stehen würdest. Atme den Rauch tief ein. Vergiss nicht deine Fußsohlen! Lass dir Zeit damit, begleite diese Reinigung auch mit der Vorstellung, dass alles Dunkle, alles Schwere, alles Beengende usw. weggespült wird. Erst, wenn du sicher bist, dass du ganz und gar »sauber« bist, lösche den Rauch.
- Verabschieden und danken.
- Auflösen des Kreises.

Andere kleine Alltags-Reinigungsrituale

»Innen und außen«

Bei diesem einfachen Ritual geht es darum, eine Viertelstunde mit dir allein zu verbringen, Zeit für dich zu haben, dich von Ärger, Stress und negativen Gedanken aller Art zu befreien.

- Koche dir einen Reinigungstee aus Brennnesseln, Birkenblättern, Melisse und Pfefferminze.
- Gleichzeitig einen starken Absud aus Thymian und Rosmarin und gieße diesen in eine Schüssel mit lauwarmem Wasser, bereite dir ein Fußbad.
- Während du deine Füße in diesem wohltuenden, erfrischenden und reinigenden Bad ausruhen lässt, trinkst du Schluck für Schluck deinen Tee.
- Bei jedem Schluck stellst du dir vor, wie all das Belastende von dir fortfließt und du Wohlbefinden und Klarheit tankst.

Variante

Bereite deinen Tee und ein Joghurtpeeling: Einen Becher Naturjoghurt mit etwas Honig und Weizenkleie vermischen.

- Trinke ein oder zwei Schlucke vom Tee und stell dich mit deinem Peeling unter die Dusche.
- Reibe dich gründlich ab, und wenn dann das Wasser an dir herunterfließt, stell dir vor, wie es all den Mist, den du mit dir herumschleppst, mit sich in den Ausguss schwemmt.
- Während des Abtrocknens (gründlich rubbeln, sodass die Haut richtig schön rot und gut durchblutet wird!) trinke wieder vom Tee.

»Helferstein«

Hier geht es darum, Unwohlsein, das sich in bestimmten Körperregionen eingenistet hat, loszulassen, sich davon zu reinigen. Wer kennt das nicht: Man steht auf und schon sitzt ein unangenehmes Stechen zwischen den Augen. Oder man kommt von einem anstrengenden Arbeitstag nach Hause und die Beine fühlen sich schwer und seltsam an. Man hat eine unbefriedigende Auseinandersetzung hinter sich und der Kloß in der Kehle wächst und beginnt zu schmerzen. Oder man hat eine schwierige Aufgabe vor sich, der man sich nicht ganz gewachsen fühlt, und die Angst davor beginnt sich im Nacken einzunisten, der immer steifer und starrer wird. Jetzt ist der Helferstein an der Reihe:

- Suche dir einen vom Wasser glatt geschliffenen Kieselstein, der sich gut auf der Haut anfühlt. Frage ihn, ob er dein Helferstein werden will, du wirst die Antwort genau wahrnehmen: Entweder du hast sofort den Impuls, den Stein zurückzulegen ins Bachbett, an den Strand, oder du weißt genau, er gehört jetzt zu dir.
- Kennzeichne eine Stelle auf deinem Stein mit einem Kreuz und dann lege ihn auf den schmerzenden Körperteil, reibe oder gleite auch im Umfeld mit dem Stein hin und her, im Kreis …
- Nun stell dir vor, wie sich die Verunreinigung knapp unter der Hautoberfläche sammelt, ballt wie eine Gewitterwolke und dann in den Stein fließt. Beobachte, wie die Wolke immer lichter wird, der Stein immer dunkler.
- Dann bedanke dich bei dem Stein und bei nächster Gelegenheit lege ihn in Wasser zum Reinigen, lass ihn danach von der Sonne aufladen.

- Du kannst ihn entweder wieder benutzen oder auch zurückbringen an seinen »Wohnort«.
- Du wirst dich erstaunlich schnell besser fühlen.

Variante mit dem Baum

- Suche einen Baum, der dich anspricht.
- Nähere dich ihm mit Respekt und der Frage, ob er bereit ist, dir zu helfen.
- Auch hier wirst du gleich sehr klar wissen, wie sich der Baum entschieden hat.
- Wenn du eine positive Antwort bekommst, berühre den Baum.
- Lehne die schmerzende Stelle an seine Rinde und stell dir vor, wie das Unwohlsein in ihn hineinfließt.
- Bäume haben die Kraft zu transformieren, deshalb schadet deine Verunreinigung dem Baum auch nicht. Du kannst aber diesen Prozess noch beschleunigen, indem du dir vorstellst, wie das Dunkle deines Schmerzes sich im Baum nach und nach verwandelt in etwas Lichtes und Schönes ....

»Sorgenpäckchen«

- Stell dir ein kleines Kräuterkissen her: Sammle duftende Kräuter wie Lavendel, Waldmeister, Melisse. Auch eine Handvoll Heublumen (kannst du auch in der Apotheke oder Drogerie kaufen) erfüllt ihren Zweck.
- Nähe – möglichst aus Seide – einen kleinen Polsterüberzug, den du dann mit den Kräutern befüllst.
- Wenn du dich von Sorgen reinigen willst, sprich deine Probleme in das Kissen.
- Leg es vor dem Schlafengehen unter/auf deinen Kopfpolster.

- Über Nacht werden deine Probleme in das Kräuterkissen wandern, transformiert und ins Universum verschwinden!

Die »Talking-Circle«-Zeremonie

Bei einigen Stämmen der nordamerikanischen Ureinwohner ist der Redekreis eine noch heute gebräuchliche Zeremonie. Steht ein Problem an, muss eine Entscheidung getroffen werden, oder sollen ganz einfach die verschiedenen Standpunkte zu einem bestimmten Thema dargelegt werden, wird ein Talking Circle (Redekreis) einberufen. Der Gesprächsleiter, meist eine Person mit sehr hohem sozialen Status, häufig eine der ältesten Frauen, eröffnet das Gespräch, indem sie die Spirits und die Teilnehmer begrüßt und willkommen heißt. Sie stellt nun auch das Thema bzw. Problem in den Kreis.

Während sie spricht, hält sie den »Talking Stick« (Redestab) in ihren Händen. Das ist meist ein Stab aus Holz mit zwei Enden, die die beiden Wege, mit anderen zu kommunizieren, symbolisieren, nämlich den guten, wahrhaftigen Weg und den schlechten, unwahren, und er soll uns daran erinnern, dass wir uns in jedem Moment unseres Lebens dafür entscheiden können, den einen oder anderen Weg zu gehen. An den Enden ist je eine Adlerfeder festgebunden, welche die Weitsicht symbolisiert, das große Ganze zu sehen und nicht das kleine, eingeschränkte Detail, die ganze Wahrheit und nicht nur die halbe. Wenn die Leiterin fertig gesprochen hat, gibt sie den Stab weiter, bei den Lakota mit einem »Mi takuye ojasin«, was soviel heißt wie: »Mit allen meinen Ahnen und Verwandten« (damit sind Tiere und Pflanzen, alle beseelten Wesen und unsere Einheit mit ihnen gemeint). Sie sagt somit aus, dass ihre Rede wahr ist und dass sie sozusagen alle ihre

Vorfahren und alle Lebewesen zu Zeugen aufruft. Der nächste in der Runde nimmt nun den Stab und sagt seine Meinung. Mit dem gleichen Spruch gibt er dann an den Nebenmann/die Nebenfrau weiter, und so fort, bis alle gesprochen haben und der Stick wieder bei der Leiterin landet. Diese entscheidet dann, ob weitergeredet werden soll. Das geht so lange, bis alle gehört wurden, alle ihre Meinung abgegeben haben, man sich ein Bild von der Meinung der »Allgemeinheit« machen konnte und eine Einigung erzielt wurde.

Der Talking Stick hat vor allem die Funktion, die Rededisziplin aufrechtzuerhalten. Während nämlich jemand spricht und den Stab in Händen hält, darf ihn niemand unterbrechen. Auch darf nur derjenige sprechen, der gerade an der Reihe ist. Jeder hat sich so lange zu gedulden, bis er drankommt. Natürlich ist der Talking Stick auch ein magischer Gegenstand. Er trägt die Kraft des Baumes, von dem er stammt, und die des Adlers in sich und verhilft dadurch zu Standhaftigkeit, Klarheit und Wahrhaftigkeit.

Ich habe die Zeremonie leicht abgeändert und »adaptiert«, wenn z. B. in meinen Ausbildungsgruppen Probleme anstanden, und ebenso zur Konfliktbewältigung in anderen zwischenmenschlichen Beziehungen. Vor allem aber habe ich die Erfahrung gemacht, dass der Redekreis auch in Liebesbeziehungen eine große Hilfe sein kann. Das Einladen zu einem Gespräch mit Talking Stick bewirkt gleich eine größere Gewichtung, jeder bemüht sich, diese Gesprächsdisziplin zu wahren, und die Kraft des Stabes trägt dazu noch das Ihrige bei.

Die Herstellung eine Redestabes: (z. B. als Hochzeitsgeschenk) Ich mache mich auf die Suche nach einem Stück

Holz und trage dabei immer das Bild der beiden Leute, die es nutzen sollen, in meinem Herzen. Ich finde auch meist ein wunderbar passendes. Dann wird das Holz, oft ein von Wasser, Wind, Sonne und Erde geformtes Stück, noch geschliffen und geschmirgelt, damit es sich angenehm anfühlt. Mit einer ganz besonderen Wachs-Öl-Mischung mit individuell unterschiedlichen ätherischen Ölen, die Liebe, Verständnis, Geduld und Klarheit fördern sollen, wird der Stab dann eingelassen. Man kann auch noch spezielle Federn, einen kleinen Beutel mit Kräutern, den einen oder anderen Edelstein, alles mit seiner ganz eigenen Bedeutung und auch Kraft, daran befestigen. Zum Schluss wird der Stab mit den besten Wünschen an das Paar verschenkt.

Auch ein Talking Circle kann als komplette Zeremonie gestaltet werden: Räuchern, Kreisziehen, Begrüßen der Richtungen und Elemente usw. Auf diese Weise bekommt die Zeremonie noch mehr Gewicht.

Ist man aber in einer Gruppe tätig, in der eventuell solche magischen Utensilien und »Kinkerlitzchen« keinen Platz haben, kann das Ganze wesentlich nüchterner gestaltet werden: Ein Gegenstand wie z. B. ein Stein wird zur Stärkung der Gesprächsdisziplin von der jeweils sprechenden Person gehalten. Nicht mehr und nicht weniger, es zeigt auch so Wirkung!

Der Spirit-Teller

Wir alle kennen aus unserer Kultur das Tischgebet: Es wird gedankt dafür, dass wir uns sattessen dürfen, wir danken den Menschen, die bei der Herstellung unserer Nahrung beteiligt waren, wir danken Gott dafür, dass er die Pflanzen so üppig wachsen hat lassen und wir in einem so reichen Land leben dürfen.

Bei den Lakota gibt es die schöne kleine Zeremonie des Spirit-Tellers – auch in anderen Kulturen, ganz sicher in alten Zeiten ebenso bei uns, findet man Entsprechungen:

Wir nehmen uns einen kleinen Teller – das wird bald ein ganz besonderer, nur für diesen Zweck verwendeter sein – und geben auf ihn von jeder Speise eine kleine Menge: ein Blatt vom Salat, einen Happen Fleisch, einen Löffel Gemüse usw. Jeden Tag nimmt ein anderes Mitglied der Gemeinschaft den Teller in seine Hände, bedankt sich bei der Mutter Erde dafür, dass sie uns wieder so reich beschenkt hat, und bei den Lebewesen, die für uns ihr Leben gegeben haben (seien das jetzt Tiere oder auch Pflanzen!). Man gedenkt an dieser Stelle auch oft derjenigen, die Hunger leiden, und bittet um Nahrung für alle Wesen, die unseren Planeten bevölkern. Dann stellt man den Spirit-Teller aufs Fensterbrett, den Balkon oder in den Garten. Er soll symbolisch als Nahrung für die Spirits dienen und als Dank und Respektbezeugung an alles Lebendige. Mir gefällt es immer ganz besonders, wenn ich dann einen Vogel beobachte, dem der Reis schmeckt, eine Katze, die sich die Wurst vom Teller holt, oder eine Hummel, die den Honig vom Brot nascht …

Am nächsten Tag werden die Reste in den Kompost gegeben (und somit wieder dem Kreislauf des Lebens einverleibt) und der Teller vor dem Essen wieder neu gefüllt. Vor allem Kinder nehmen diese Art des Dankes für unser tägliches Brot ganz begeistert auf, und auch uns Erwachsenen schadet es nicht, regelmäßig daran erinnert zu werden, wie glücklich wir uns schätzen dürfen!

Dank sagen und opfern

Schon als ich als Kind noch praktizierende Katholikin war, fiel mir eines stark auf: Es gibt viel viel mehr Bittgebete als Dankesgebete. Wann denkt man denn daran, sich an Gott zu wenden? Wenn man etwas von ihm braucht …

Erst als ich meine ersten Kontakte mit dem Schamanismus hatte, kamen mir selbst ganz spontan Dankesworte über die Lippen: Wenn eine Schwitzhütte ganz besonders heiß und reinigend war, dankte ich den Steinen dafür, dem Feuer, dem Wasser. Wenn ein Sonnenaufgangsritual von ganz wundervollen Farben erleuchtet war, dankte ich den Wolken und der Sonne dafür aus tiefstem Herzen. Wenn eine Zeremonie in der Natur besonders harmonisch und erfüllend erschien, dankte ich den Spirits des Ortes dafür, dass sie uns diesen Platz so liebevoll zur Verfügung gestellt hatten ….

Und ich fand heraus, dass es überaus befriedigend ist, Danke zu sagen, vor allem, wenn man das in Form von kleinen Opfergaben macht: Für die Willkommenszeremonie eines Kindes auf dieser Welt einen Baum setzen. Für eine gute Kräuterernte den Pflanzendevas etwas Räuchermaterial oder einen kleinen Kristall dortlassen. Die Lakota opfern immer eine Prise Tabak, wenn sie den Geistern für etwas danken …

Verbinde dich mit der Mutter Erde und dann lass dir sagen, was gewünscht wird: Die Geister artikulieren meist sehr klar, was sie gerne als Opfergabe hätten!

STUFE 4: KREATIVITÄT

In der Zwischenzeit dürfte das schöpferische Element in deinem Leben wieder mehr Einzug gehalten haben. Jetzt möchte ich dich auf eine uralte Disziplin aufmerksam machen, die es sich lohnt, in unser modernes Leben einzubeziehen. Viel Spaß damit!

Geschichten erzählen

Noch eine »Disziplin«, die einerseits etwas erschafft, als auch heilen und zaubern kann: Frau Holle, die Schicksal spinnenden Nornen, weltweit sehr häufig Frauen, die durch ihre Geschichten Realität schaffen: Sie alle haben eine wichtigere Funktion, als »nur« etwas Schönes, Vergnügliches oder Lehrreiches von sich zu geben …

Was ist eine Geschichte für euch?
Wer erzählt Geschichten?
Wozu erzählt man Geschichten?
Wann werden Geschichten erzählt
und zuletzt: Wo erzählt man Geschichten?

Nun, ich habe meine Antworten bereits vor langer Zeit in verschiedensten Kulturen gefunden: Z. B. durch eine Freundin von mir, die ein Stipendium in Afrika bekam, um das Geschichtenerzählen zu erforschen: Voller Begeisterung kam sie zurück und berichtete: Es gibt einerseits offizielle Geschichtenerzähler, die die Funktion haben, mündlich überlieferte

Traditionen weiterzuvermitteln und außerdem tagespolitisch aktuelle Themen mit der Bevölkerung aufzuarbeiten. Das läuft dann so ab: Der Erzähler beginnt in Anspielung auf einen tyrannischen Bürgermeister einen Zauberer zu beschreiben, der mit seiner Magie ganze Länder unterwirft und sich seine Herrschaft durch Angst und Schrecken sichert. Die Zuhörer sind aber nicht passiv, sondern sie arbeiten am Verlauf der Geschichte mit durch Zwischenrufe, durch ein, zwei Sätze, die der Geschichte einen anderen Verlauf geben, durch Gelächter und Ächzen und Stöhnen. So werden soziale und politische Ereignisse miteinander unter den verschiedenen Gesichtspunkten betrachtet und auch nach Lösungsmodellen gesucht. Und das funktioniert! Andererseits ist das Geschichtenerzählen aber auch Teil des täglichen Lebens – man braucht nicht unbedingt zu sagen: »Du blöde Kuh, kehr gefälligst deinen Dreck nicht immer in meinen Garten herüber!«, sondern man könnte auch eine kleine Geschichte zu diesem Thema erzählen, wenn man sich zufällig am Dorfbrunnen über den Weg läuft …

Ähnlich verhielt es sich bei einer mir bekannten Roma-Familie (allerdings muss ich da einschränken: So war's, bevor Fernseher und Video diese Stelle einnahmen!): Am Abend setzte sich die ganze Großfamilie um einen Mittelpunkt wie Feuer, Herd oder Ähnliches und begann zu erzählen. Das Wort ging reihum und jeder, der an der Reihe war, spann die Geschichte ein bisschen weiter fort. Einer begann z. B. rein aus kreativer Freude mit den Worten: »Und das kleine Mädchen, das im Wald Holz sammelte, stolperte, und als sie aufsah, stand die hässliche alte Baba Yaga vor ihr, stopfte sie in ihren großen Korb und trug sie zu sich nach Hause.« Der Nächste war vielleicht nicht so in Stimmung, die Geschichte rein aus künstlerischen Motiven heraus weiterzuerzählen – er hatte eine Menge Zorn im Bauch, weil er Ärger mit der Polizei gehabt hatte, und spann die Geschichte folgendermaßen fort: »Die alte Baba Yaga steckte das kleine Mädchen in einen Käfig, um sie später in ihrem Süppchen zu kochen, aber das Mädchen war schlau. Es lenkte die Alte ab, indem es kleine Steinchen in das andere Eck der Hütte warf, hakte das Schloss mit seiner Haarnadel auf und rannte davon.« Damit hatte dieser dann wenigstens in seiner Phantasie der Obrigkeit, die ihn so geplagt hatte, ein Schnippchen geschlagen und zufrieden gab er das Wort weiter. So wurden Abend für Abend lange Geschichten gewoben, manchmal schöne, manchmal lustige, manchmal sehr traurige und manchmal Nonsens-Geschichten, die immens viel Spaß machen können. Funktion hatten sie aber eine ähnliche wie in Afrika: sich den Ärger des Tages von der Seele erzählen, seine Gefühle mit anderen teilen, Gemeinschaft schaffen.

Verschiedene Stämme der nordamerikanischen Natives handhabten »Storytelling« ganz ähnlich: Da gibt es z. B. die Koyote-Geschichten, die von viel Missgeschick, Tollpatschigkeit, aber auch Mitgefühl und tiefer Spiritualität handeln und noch v. a. m.

Nun, auch bei uns wurde das zumindest früher so gehandhabt: Vor allem Frauen saßen an den Winterabenden beim Spinnen (und das eignet sich als Hintergrundtätigkeit ganz besonders gut, weil es durch die Regelmäßigkeit der Bewegungen einen so schön in einen angenehmen Trance-Zustand versetzt) und flickten und strickten und nähten und erzählten sich Geschichten …

Fazit: »Storytelling« ist eine leider fast ausgestorbene Kunst, die unendlich viele Facetten hat und noch mehr Funktionen. Es soll Spaß machen, keiner soll sich irgendwie durch Sprache und Stil daran gehindert fühlen, weiterzuspinnen – jeder hat was zu sagen, ganz gleich, ***wie*** das rüberkommt. Und jeder Beitrag ist eine Bereicherung und gibt der Geschichte neue Richtungen und neue Gesichter.

Bei meinen Frauenkursen bin ich immer wieder fasziniert davon, wie viel Freude am Fabulieren aufkommt, wenn wir Endlosgeschichten spinnen, und welche wundersamen Märchen, Moritaten und Parabeln entstehen, wenn man dieser Freude freien Lauf lässt!

Tipp: Das Tagebuchschreiben neu entdecken. Versuche auch, die Beschreibung deines Alltags manchmal in eine etwas andere Form zu bringen, vielleicht ein Gedicht, eine Kurzgeschichte …

STUFE 5: HEILUNG

In welchem weiblichen Lebensabschnitt befindest du dich gerade? Was ist das Wesentliche daran? Wie würdest du das formulieren?
Und nun hinein in die Wildkräuterpraxis:

Meine ganz persönliche »Grüne Neune«

Es gibt über diese neun Kräuter – obwohl jedes einzelne wohlbekannt ist bei jedem Menschen in unseren Breiten – schon so viel zu sagen, dass du vermutlich recht verblüfft sein wirst. Die Rezepte sind tausendfach erprobt, stürz dich (für die Kreativität) gleich ins Ausprobieren, Kochen, Kosten! Hoffentlich passt die Jahreszeit …

Gänseblümchen (T, E, G)

Ich bin mir nicht ganz sicher, aber fast: Das Gänseblümchen war – wie vermutlich bei vielen von euch ebenso – die erste Pflanze, die ich namentlich kannte und auch schon als ganz kleines Kind nutzte. Ich sammelte sie, knüpfte sie zu Ketten, Diademen und Bändern, zupfte ihr die Blütenblätter aus, um zu erfahren, ob »er mich liebt«, und meine Mutter und Großmutter streuten die zarten Köpfchen zusammen mit etwas Salz aufs Butterbrot. Das Gänseblümchen gehörte praktisch vom ersten Tag an zu meinem Leben, auch wenn mir erst viele viele Jahre später klar wurde, wie wertvoll diese Begleitung auf allen Ebenen war und ist.

Hier eine Zusammenfassung der wichtigsten botanischen, heilenden, genussvollen und magischen Aspekte:

Steckbrief:

- *Bellis perennis* (lat. für die »Schöne Wiederkehrende«), Familie der Korbblütler (Asteraceae). Wird der Sonne zugeordnet.
- War bereits unseren Ahnen aufgrund seiner starken positiven Ausstrahlung heilig. Wurde auch *Baldurs Auge* genannt, weil es sich immer, wenn die Sonne scheint, öffnet.
- Auch als *Orakelpflanze* wurde das Gänseblümchen zu allen Zeiten verwendet: »Wen werde ich heiraten: Edelmann, Bettelmann, Bauer, Soldat« ... oder »Er liebt mich – er liebt mich nicht – er liebt mich ...«
- *Magie:* In Amuletten getragen macht das Gänseblümchen liebenswert und sympathisch.
- Bekannt als Kinderblume nicht nur aufgrund seiner Eignung, zu Kränzen geflochten zu werden, auch der Schweizer Kräuterpfarrer Künzle empfahl, daraus einen Kindertee zu bereiten für solche, die immer zu klein und zu blass bleiben.
- *Genusspflanze:* Das Gänseblümchen kann zu Salaten, Aufstrichen, Gemüse, Suppen verarbeitet werden.

Heilwirkungen/Inhaltsstoffe:

- Saponine (Sekretion anregend, wassertreibend)
- Gerbstoffe (heilen Haut und Schleimhaut)

- Flavonoide (gegen brüchige Kapillaren, Herz-, Kreislaufstörungen, Krämpfe im Verdauungstrakt)
- Ätherische Öle (entzündungshemmend, krampflösend, harntreibend, kräftigend …)
- Blutreinigung, stoffwechselanregend

Löwenzahn (T, E, G)

Ähnlich dem Gänseblümchen verbinden mich schon sehr frühe Erinnerungen mit dem Löwenzahn: Wenn man seinen hohlen Stängel in mehrere Teile spaltet und diese dann ins Wasser hängt, entstehen phantastische Locken. Auch als Pusteblume bereichert er das Leben und die Phantasie vieler Kinder, ich weiß noch, wie ich mir vorstellte, mit diesen hauchfeinen Schirmchen mitzufliegen. Die Erwachsenen mochten es nicht so gern, wenn wir Kinder mit dem Löwenzahn spielten. Sie erklärten uns, seine Milch sei giftig. Das habe ich inzwischen als Notlüge enttarnt: Löwenzahn macht Flecken, die sich fast nicht entfernen lassen, und das Gerücht um seine Giftigkeit sollte uns davon abhalten, allzu viel Gewand mit ihm zu ruinieren …

Jedes Jahr sind wir im Frühling »Zigoristechen« gegangen: Mit kleinen Messern bewaffnet, gruben wir die noch zusammengefalteten blassen Blätter halb aus der Erde. Zu Hause wurde dann ein wunderbarer Salat gemacht: gesottene Kartoffeln mit Zwiebeln und gehackten Löwenzahnblättern.

Bis heute ist aber eine sattgelb strahlende Löwenzahn-Wiese für mich der Inbegriff von Frühling.

Steckbrief:

- *Taraxacum off.*, Asteraceae (Korbblütler). Er wird dem Jupiter zugeordnet.
- Charakteristisch sind seine schrotsägeförmigen Blätter, der hohle Stängel und seine Blüte, die vorwiegend aus Zungenblüten besteht. Der Milchsaft ist definitiv nicht giftig, sondern heilkräftig.
- *Genusspflanze/Frühjahrskur:* Die Inhaltsstoffe der Pflanze sind am stärksten in den Wurzeln konzentriert: Im Frühling oder im Herbst sollten sie gestochen werden – bei abnehmendem Mond bzw. um den Neumond herum, in Scheibchen geschnitten, getrocknet (rasch bei ca. 40°C im Dörrex oder auf kleinster Stufe im geöffneten Backrohr). Die frische Löwenzahnwurzel oder auch die gefrorene (man kann sie sehr gut tiefkühlen) in Salzwasser 6–8 min kochen, damit das Bittere vergeht) dann für Gemüse, Soßen, Suppen verwenden.
- Sirup und Löwenzahnhonig kann aus den Blüten hergestellt werden. Aus der Kriegszeit ist auch die Verwendung als Kaffeeersatz noch in Erinnerung – ausprobieren, manche/r mag den Geschmack!
- Salat im Frühling (Topf drüberstellen, damit er bleich bleibt und nicht so bitter wird) mit Salz, Essig, Öl, Zwiebel, Ei, Sauerrahm anrichten. Wunderbar auch in Kartoffelsalat gemischt!
- Löwenzahn hat 9 × so viel Vitamin C, 40 × so viel Vitamin A wie Kopfsalat aus dem Geschäft, 3 × so viel Eisen wie Spinat.
- *Garten:* Die Pfahlwurzeln lockern den Boden auf, werden gern zur Kinderstube für Regenwürmer, saugen Nährstoffe und Spurenelemente an die Oberfläche. Jauche aus Löwen-

zahn liefert viel Kalium. Die Blüten sind eine hervorragende Bienenweide.

- *Orakel:* Samen blasen. Wie viele bleiben übrig?
  »Wer die ersten 3 Löwenzahnblüten verspeist, die er im Frühling sieht, bleibt das ganze Jahr gesund.«

Heilwirkungen/Inhaltsstoffe:

- Bitterstoffe (kräftigend, Verdauungssäfte anregend, gegen Erschöpfung, zur Rekonvaleszenz)
- Carotine (Haut, Schleimhaut, Immunsystem)
- Flavonoide
- Vitamine
- Mineralstoffe (viel Kalium) und Spurenelemente (lebensnotwendige Stoffe: Bauen das Bindegewebe überall im Körper auf, regeln den Stoffwechsel und die Hormonproduktion, den Wasserhaushalt)
- Schleimstoffe (Schleimhaut heilend, leicht abführend)
- Inulin (Stoffwechsel anregend)
- ätherische Öle
- Bedeutendstes Oberbauchkraut: Leber, Galle, Bauchspeicheldrüse, Magen, Nieren, Steinleiden

Brennnessel (T, E, G, Ö)

Auch die Brennnessel gehört mit Sicherheit zu den Pflanzen, die sich einem schon in der Kindheit – meist unangenehm – einprägen. Es galt bei uns als Mutprobe, möglichst wenig bekleidet durch einen Brennnesselhain zu laufen oder auch mit bloßen Händen ihre Blätter zu pflücken. Mir war aber – im Gegensatz zu den meisten anderen Kindern – von zu Hause her sehr bewusst, was für eine gesunde und schmackhafte Pflanze sie ist, und daher hatte ich immer Hemmungen und Schuldgefühle, mich an diversen Brennnessel-Vernichtungsaktionen zu beteiligen, oder auch nur, mit ihr zu spielen. Denn das wussten wir alle: »Mit Essen spielt man nicht!«

Steckbrief:

- *Urtica dioica,* Urticaceae (Brennnesselgewächse). Sie wird dem Mars zugeordnet.
- Sie war seit eh und je Heil- und Nährkraut und hatte zudem auch noch einen anderen Namen, der auf ihre zusätzliche Verwendung, nämlich als Faserpflanze, hindeutet: Hanfnessel.
- *Urtica - die Brennende:* Wenn man die Brennhaare abbricht, spritzen bienen- und schlangengiftähnliche Stoffe heraus, außerdem Histamine und Ameisensäure.
  Streicht man nach unten, fasst fest zu, dann passiert meist nichts. Warum hat es die Pflanze nötig, sich derartig vehement zu schützen? Kräuterpfarrer Künzle sagte: »Wenn sie keine Stacheln hätte, wäre sie schon längst ausgerottet worden, so vielseitig sind ihre Tugenden!«
- *Aus der Mythologie:* Die Brennnessel war ein wichtiger Bestandteil der Frühlingssuppen unserer Vorfahren, der Kelten, Slawen und Germanen. Sie war die Waffe des Gefährten der Erdgöttin, der mit ihr den Winter von Feld und Wald vertrieb. Man aß im Frühling diese Suppe, um wieder zu Kräften zu kommen, um die Säfte zu reinigen, um den Skorbut zu bannen.
- Die Brennnessel ist dafür besonders geeignet, da sie viel Eisen, Kalzium, Vit. C und A beinhaltet und auch viel Eiweiß.

- Bis Sommersonnwend sind vor allem die Blätter zu verwenden, danach ist die Kraft besonders in Pollen und Samen konzentriert.
- *Magie:* Am Dachfirst aufgehängte Brennnesselbüschel schützen vor Blitz und Unwetter. Ein Nesselhemd schützt den Krieger auf dem Schlachtfeld, es muss aber von einer Frau, die den Krieger liebt, gewoben worden sein.

Heilwirkungen/Inhaltsstoffe:

- Flavonoide
- Kieselsäure
- Mineralstoffe
- viele Vitamine
- Carotinoide

Bei …

- *zunehmendem Mond* wirkt die Brennnessel regenerierend, kräftigend (Phytohormone, speziell in den Brennnesselsamen – 1 TL pro Tag kauen)
- *abnehmendem Mond:* entschlackend, blutreinigend, wassertreibend, unterstützend beim Abnehmen. Durch die Blutreinigung auch gegen alle Hautprobleme: unreine Haut, Ekzeme, Ausschläge, Hühneraugen …

Anwendungsarten:

- Frischpflanzensaft
- Öl
- Essig
- Tee (innerlich, als Bad, Spülung usw.)
- Kaltansatz
- Tinktur und Extrakt
- Honig

Wirkung:

- Haare: Haarboden kräftigend, Wachstum anregend

- Immunsystem stärkend
- Eisen – vor allem in der Schwangerschaft sehr wichtig
- Allergien, Rheuma, Gicht, Ischias, Nervenentzündungen. Heftige Methode: mit Brennnesseln peitschen, sanfte: mit Brennnesselöl einstreichen. Ich habe beides probiert und ich persönlich bevorzuge letztere Methode!
- Hildegard von Bingen sagte: Brennnessel den Speisen zugesetzt, reinigt den Magen von Verschleimung, heilt Gastritis. Brennnesselöl hilft, das Gedächtnis zu stärken. Vor dem Schlafengehen das Brustbein und danach beide Schläfen einreiben.
- Sie empfiehlt frischen, bei empfindlicher Haut verdünnten Brennnesselsaft gegen Venenentzündungen: Auf ein Baumwolltuch auftropfen und auf entzündete Stelle binden. Sobald es eintrocknet, neuen Saft drauftropfen. Bis zur Besserung. Nachbehandlung mit Mariendistelsaft.
- Bad bei Gicht nach Pfarrer Kneipp:

  2 Handvoll getrocknete Brennnessel und Haferstroh in 2 Liter Wasser 20 min köcheln. 6–8 Std. ziehen lassen, abseihen, ins heiße Badewasser gießen. Knappe halbe Stunde darin baden, nur leicht abtrocknen und sofort ins Bett.
- Brennnesselhonig: Je einen EL Brennnesselbätter, Garten- oder Bachkresse, Gundelrebe, Fichtentriebe, Spitzwegerich mit Honig übergießen. Gegen Bronchitis.
- Nesselsamenextrakt: Durch die Phytohormone anregend für Rekonvaleszente und für ältere Personen.
- Haarausfall: ¼ Liter Obstessig aufkochen, 1 oder 2 Handvoll frische Brennnesselblätter überbrühen. 1 Std. ziehen lassen, abseihen. Jeden zweiten oder dritten Tag damit die Haare waschen, abtrocknen, Haarboden mit Klettenöl ein-

massieren. Dazu viel Brennnessel-Tee trinken. Achtung: Nach meiner Erfahrung braucht man viel zu viel Shampoo und das gleich mehrmals hintereinander (was sich wieder austrocknend auf Haarboden und Haare auswirkt), wenn man das Klettenöl restlos aus den Haaren waschen will. Ich stelle lieber eine Art Mayonnaise mit dem Öl und einem Ei her und lasse das Gemisch über Nacht einwirken. Am nächsten Morgen kann alles problemlos mit zwei Haarwäschen ausgewaschen werden.

- Schuppen: 2 Handvoll gehackte Brennnessel samt Wurzel mit ¼ Liter Apfelessig übergießen. Eine Woche lang stehen lassen. Nach dem Abseihen 2 EL Glycerin reinrühren, alle paar Tage die Kopfhaut damit massieren. Mehrere Wochen lang (Mond beachten!).
- Fettige und unreine Haut: Tuch mit Brennnesseltee tränken, auf das gereinigte Gesicht legen, 20 min einwirken lassen.
- Hautleiden aller Art, aus einem alten Kräuterbuch: »Die Blätter gestossen, Salz darunter gemischt, als ein Pflaster auf alle faulen Schäden gelegt, reinigt und etzet das faul Fleisch heraus.«

Genusspflanze:

Kaum ein anderes Wildkraut liefert so viele Kochrezepte wie die Brennnessel. Hier eine kleine Auswahl:

Brennnesselspinat:

- Etwas Butter erhitzen und eine fein gehackte Zwiebel darin anlaufen lassen.
- Brennnesselblätter kurz überbrühen, ca. 10 min dünsten lassen.

- Mit wenig Wasser aufgießen.
- Spinatmasse pürieren.
- Mit Salz, Knoblauch und einem Suppenwürfel würzen.
- Sauerrahm oder Sahne unterrühren, kurz aufkochen lassen.

Brennnesselsuppe:

- 6 bis 8 Kartoffeln waschen, schälen und würfelig schneiden.
- 1 Zwiebel und 3 Knoblauchzehen fein hacken und in etwas Fett goldgelb anrösten.
- Mit 1 Liter Wasser aufgießen.
- Kartoffeln mit Salz, Pfeffer und frischen gehackten Gartenkräutern ca. 20 min köcheln lassen.
- Die blanchierten, fein gehackten Brennnesselblätter dazugeben.
- Mit 3 EL Rahm und 1 EL Mehl verfeinern.

Brennnesselrisotto:

- Zwiebel, Kräuter, Karotten und Brennnesselblätter fein hacken und in Olivenöl dünsten.
- 1 Tasse Reis unterrühren.
- Mit Salz und Suppengewürz abschmecken, mit etwa 3 Tassen Wasser aufgießen und zugedeckt dünsten lassen, bis der Reis fertig gekocht ist.
- Mit Käse bestreuen und servieren.

Polenta-Brennnessel-Pizza

- Polentamehl in siedendes, gesalzenes Wasser einrühren.
- 10 min auf kleiner Flamme ausdünsten lassen.
- Heiße Polenta auf befettetes Backblech streichen.

- Mit Käse, angelaufenen Zwiebelringen, Knoblauch und überbrühten Brennnesselblättern belegen.
- Nach Belieben auch mit Gemüse, Schinken, Wurst oder Fleischsugo.
- 20–30 min im Rohr backen.
- In Stücke schneiden und heiß servieren.

Brennnesselomeletten

- Fülle: Überbrühte, gehackte Brennnesselblätter mit Kräutern, Salz, Pfeffer, Muskatnuss, Semmelwürfeln, 1 Ei und Topfen vermengen.
- Fülle auf Omelettes streichen, einrollen und in gebutterte Form geben.
- Sahne mit Dotter verrühren, über Omelettes gießen, mit Käse bestreuen und im Rohr backen.

Brennnesselsauce

- 1 Zwiebel
- 1 EL gehackte Kräuter
- 1 Knoblauchzehe
- 2 EL Olivenöl
- 2 EL Mehl
- 4 EL fein gehackte Brennnesselblätter, Salz, Pfeffer, Muskat
- ⅛ l Suppe
- ¼ l Rahm
- Zwiebel und Kräuter rösten, mit Mehl stäuben, mit Suppe aufgießen und aufkochen lassen.
- Brennnesselblätter blanchieren, fein hacken und dazugeben.
- Rahm einrühren, mit Salz, Pfeffer und Muskat würzen.

Noch eine Brennnesselsuppe

- 3 Stangen Lauch oder grüne Zwiebel in Stücke schneiden, in Öl oder Butter dünsten.
- In einem halben Liter Milch unter ständigem Rühren weichkochen.
- 3 Tassen fein gehackte Brennnesseln, etwas Salz und 2 Esslöffel Haferflocken hinzufügen.
- Kurz aufkochen, servieren.

Brennnessel-Chips oder Japanische Brennnesseltempura

- Große Brennnesselblätter sammeln.
- Gut waschen und trocknen.
- In Pfannkuchenteig tauchen.
- In heißem Fett frittieren.
- Tempura mit Soja-Sauce servieren, die Chips mit einem Wildkräuterdip.

Landwirtschaft

- Düngung mit der Jauche: Kräftigung der Pflanzen.
- Spritzen gegen Schädlinge.
- Als Futterzugabe für Pferde und Vieh macht sie das Fell kräftig und glänzend, als Strohbeigabe hilft sie, Federvieh ungezieferfrei zu halten.

Fasern: Schnüre, Netze

Färbepflanze: Färbt Wolle, Baumwolle und Seide graugrün bis cremig hell.

Schafgarbe (T, E, TI, Ö, G)

Wenn ich mit einem Wehwehchen als Kind oder als Halbwüchsige zu meiner Großmutter ging, um mir Rat und Beistand zu holen, bekam ich – gleich, ob ich unter Kopfschmerzen, Husten oder Regelkrämpfen litt – immer den gleichen Tee vorgesetzt – goldgelb, bitter schmeckend, mit einem äußerst herben Duft: Schafgarbentee. Und meine Großmutter sagte immer die gleichen Worte dazu: »Schafgarbe hilft gegen jede Krankheit, merk dir das, Susanne!« Erst viele Jahre später begriff ich, warum sie recht hatte (und es war ja auch so: Der Tee half wirklich immer!): Schafgarbe ist die einzige einheimische Pflanze, in der alle Mineralstoffe der Schüsslersalze enthalten sind. Das heißt, sie ist ein echter Allrounder. Auch eine alte Tiroler Kräuterfrau, bei der ich einiges lernen durfte, würzte ihre tägliche Dinkelsuppe vorwiegend mit jungen Schafgarbenblättern eben wegen dieser Mineralstoffe. Sie war der Meinung, dass man nie an Mineralstoffmangel leiden könnte, wenn man genügend Schafgarbe zu sich nehmen würde.

Steckbrief:

Achillea millefolium, Asteraceae (Korbblütler). Saturn. Weiße Trugdolden, zarte gefiederte Blätter.

Heilwirkungen/Inhaltsstoffe:

- Bitterstoffe
- ätherische Öle
- Flavonoide
- viele Mineralstoffe (v.a. Kalium)
- Gerbstoffe
- Heilwirkungen auf den gesamten Organismus

- Frauenheilmittel
- Verdauung: Stärkt die Leber, fördert die Verdauung
- Ätherische Öle wirken antibakteriell
- Blüten nicht so bitter, mehr für Nerven, gegen Krämpfe …
- Venensystem, zusammen mit Rosskastanie wichtiges Mittel

Rezept für Venenöl:
- Blüten in Öl ansetzen gegen Venenstau.
- Blüten in ein weißes Glas geben.
- Öl hineingießen, es soll die Blüten bedecken.
- In die Sonne stellen, jeden Tag kräftig schütteln.
- 6–8 Wochen (je nach Sonne) stehen lassen. Die Blüten sollen nicht tau- oder regenfeucht sein.

Wegeriche (T, E, G)

Zum Spitzwegerich hat vor allem mein jüngerer Sohn eine ganz besondere Beziehung: Schon als ganz kleines Kind wusste er, dass Wegeriche juckreiz- und schmerzstillend bei Bienen- und Mückenstichen wirken. Er hat deshalb aus diesem Grund in sein eigenes Beet eine Spitzwegerichpflanze gesetzt, die wegen des lockeren, fruchtbaren Bodens immense Ausmaße annahm. Sie wird dann während der Sommermonate auch fast täglich genutzt: Bei jedem Stich, bei jeder kleinen Schürf- oder Schnittwunde läuft Samuel zu diesem riesigen Büschel und pflückt ein Blatt davon ab. Dann kaut er es und legt sich den grünen Brei auf die wunde Stelle auf. Man kann regelrecht zusehen, wie Rötung und Schwellung verschwinden …

Steckbrief:

- *Plantago lanceolata, media, major usw.* (Spitzwegerich, mittlerer und Breitwegerich), Plantaginaceae (Wegerichgewächse), Merkur.
- Wegerich bedeutet König der Wege. Überall an Wegrändern, auf Wiesen, in lichten Wäldern ist eine der Arten zu finden.
- *Genusspflanze:* Ausgrabungen *neolithischer Siedlungen* beweisen, dass schon in der Jungsteinzeit die Samen geerntet und zum Brei oder Brotteig gemischt wurden. Somit ist der Wegerich eine der ältesten Nutzpflanzen der Menschheit.
- Tom Brown jr., Survivalexperte in den Staaten, röstet die Samen, streut sie in Salat, mahlt sie, mischt sie zum Brotmehl. Erdnussbutterersatz: Halb Butter, halb geröstete, gemahlene Samen. Toll! Dafür lasse ich Erdnussbutter stehen.

Heilwirkungen/Inhaltsstoffe:

- Schleimstoffe: Abkochung der Samen bei Durchfall und Ruhr. Ungekochte Samen bestes, darmschonendstes Abführmittel. Quellen im Darm, beruhigen auch die entzündete Darmschleimhaut.
- Bitterstoffe
- Flavonoide
- Kieselsäure (baut alle Gewebe auf)
- Glycoside (schleimlösend, abführend, wassertreibend, schweißtreibend)
- Wundheilung, pilztötend, antibiotisch wirkend
- ***Die Erste-Hilfe-Salbe*** in der Natur: Spitzwegerich kauen, auflegen.
- Lunge

Rezept für Hustenhonig:
- Frischen Spitzwegerich sammeln.
- Leicht zerpflückt lose in ein weißes Glas schichten.
- Mit gutem, möglichst dünnflüssigem Honig bedecken.
- 3–5 Wochen an einem sonnigen Platz stehen lassen.
- Jeden Tag einmal auf den »Kopf stellen« – so fließt der Honig immer wieder durch die Pflanzenteile, nimmt jedes Mal Inhaltsstoffe auf.
- Nach frühestens drei Wochen kann der Honig abgeseiht werden: Dazu noch einmal im warmen Wasserbad leicht erhitzen, durch ein Sieb seihen.
- Der Honig ist ein phantastisches Hustenmittel und wird von Jung und Alt gleichermaßen geschätzt!

Vogelmiere (T, E, G)

Mit der Vogelmiere machte ich erst als Gartenbesitzerin bewusst Bekanntschaft. Ich fand die unwahrscheinlich üppig wuchernden Büschel der Pflanze einfach lästig. Hätte ich damals schon gewusst, wie gut Vogelmiere schmeckt und wie wertvoll sie als Heilmittel ist, ich hätte sie nicht so achtlos den Enten vorgeworfen!

Steckbrief:

- *Stellaria media,* Caryophyllaceae (Nelkengewächse), Mond.
- *Genusspflanze:* Früher wurde die Vogelmiere in Bündeln als Suppengrün verkauft. Schmeckt frisch wie kleine Maiskolben, gekocht wie Spinat. Ich persönlich finde, es gibt kaum ein Wildkraut, das zarter, feiner und verführerischer schmeckt als die Vogelmiere. Beim Ernten sollte man die langen Aus-

läufer behutsam mit einer Schere abschneiden, denn erstens kommen dann schneller neue Pflanzen nach und zweitens schmeckt die Wurzel etwas unangenehm erdig, auch wenn man sie wäscht.

- *Geflügel:* Die Namen Vogelmiere, Hühnerdarm, Gänsekraut sagen es schon aus: Die Pflanzen sind sehr gesunde, aufbauende Nahrung für schlecht gedeihendes Geflügel.

Heilwirkungen/Inhaltsstoffe:

- Sehr mineralstoffhaltig, Phosphor, Magnesium, Cu, Ka, Kieselsäure, Vitamin C, Karotin
- blutreinigend, hautreinigend, Augenleiden, Hautleiden (Ekzeme, Dermatitis, Hämorrhoiden). Bei den Indianern wurde/wird die Vogelmiere gegen Hauterkrankungen, Bindehautentzündung und Geschwüre aufgelegt.
- Leberleiden, Rheuma: Umschläge aus zerstampftem frischen Kraut.

Gundelrebe (T, E, G)

Jeder hat sie im Garten: eine alles überwuchernde, herb duftende Pflanze mit langen Ausläufern, kleinen, nierenförmigen, dunkelgrünen, manchmal etwas violett angelaufenen pelzigen Blättern und zarten, lila, unscheinbaren Lippenblüten. Man weiß auch, jeder Kampf gegen dieses Wildkraut ist von vornherein zum Scheitern verurteilt, ist doch die Gundelrebe, oder auch der Gundermann, eines der penetrantesten Gartenunkräuter und deshalb nicht gerade beliebt. Nur – inzwischen müsste es klar sein – gibt es so etwas wie ***Unkraut*** überhaupt?

Steckbrief:

- *Glecoma hederacea,* Lamiaceae (Lippenblütler), der Venus zugeordnet.
- *Mythologie:* Sitz der freundlichen, meist weiblichen Erdgottheiten, Haus- und Hofgeister.
- Ein Kranz aus Gundelrebe weckt die Hellsichtigkeit, lässt die Sprache der Tiere verstehen, reinigt und schützt vor Krankheit, Pest und ähnlichem Übel.

Heilwirkungen/Inhaltsstoffe:

- Ätherische Öle (sehr flüchtige Stoffe, die man nach altgermanischem Brauch am besten einfängt, wenn man das Kraut in Milch kocht), wirken antibakteriell in Darm, Leber, gegen Würmer, Parasiten.
- Würzkraut, Salat, Aufstriche
- Bitterstoffe regen die Drüsentätigkeit an, stärken Leber und Herz.
- Mineralstoffe (vorwiegend Kalium)
- Saponine
- Gerbstoffe (Durchfall, Zahnfleisch: Reibt euch immer wieder mit den Blättern das Zahnfleisch ein!)
- Gund: althochdeutsch für Beule, Geschwür, wirkt gegen schlecht heilende eiternde Wunden.
- Signaturenlehre: Nierenförmige Blätter – Nierenheilmittel
- Fördert als Tee oder Salatbeigabe die Bleiausschwemmung aus dem Körper: Waffenschmiede tranken in alten Zeiten traditionell viel Gundermanntee.

Gewürz (auch gut zu trocknen):

- Gundelpalatschinken, eine Kärntner Nationalspeise,

werden vorwiegend mit der Gundelrebe gewürzt.
- Schmeckt aber auch gut zu verschiedenen Gemüsen und Fleischspeisen.

Giersch (T, E, G)

Sind Gundelrebe und Vogelmiere schon anstrengend im Garten, den Giersch habe ich jahrelang – natürlich, bevor ich ihn als Heil- und Genusskraut kennenlernte – verflucht. Wenn er sich nämlich irgendwo niederlässt, wird man ihn nicht mehr los. Seine langen weißen Wurzeln breiten sich überall im Garten aus, jeden Frühling entdeckt man neue Giersch-Nester. Seit ich aber den Giersch täglich frisch für Salate und Gemüse und als Gewürzkraut ernte, weil ich weder seinen sellerieähnlichen Geschmack noch seine knackige Konsistenz und zuallerletzt seine unglaublichen Heilwirkungen missen möchte, schütze ich diese Nester, als wüchsen dort wertvolle, äußerst seltene exotische Kräuter …

Steckbrief:

Aegopodium podagraria, Apiaceae (Doldengewächse). Merkur. Blätter charakteristisch geformt – angeblich gaben sie der Pflanze auch einen weiteren volkstümlichen Namen: »Geißfuß«.

Heilwirkungen/Inhaltsstoffe:
- Tee, frisches Kraut
- Harnsäurelöser, gegen Gicht (Podagra: Gicht) und Rheuma
- Leberstärker
- sehr vitamin- und spurenelementereich

Gichtkur: 6 Wochen lang Tee aus Giersch trinken und auf die schmerzenden Stellen Kraut auflegen.

Tipp: Ich habe im Garten ein eigenes Gierschbeet: An einer Stelle, wo er sowieso schon dicht wuchs, ließ ich ihm seine vollkommene Freiheit. Jetzt ernte ich täglich seine noch zusammengefalteten gebogenen Blätter, sobald sie aus der Erde schauen, und immer wieder pflücke ich die für den Genuss bereits zu großen Pflanzen ab, gebe Laub- und Grasmulch darüber und wieder erscheinen darunter gleich die ganz zarten kleinen Blätter, die am besten schmecken!

Beifuß (T, E, TI, G)

Als letzte meiner Grünen Neune kam der Beifuß zu mir. Und das meine ich wörtlich: Ich bewunderte schon seit langem dieses Kraut mit seiner unwahrscheinlichen Vielfalt an magischen und heilenden Eigenschaften, aber leider wuchs auch in weiter Umgebung keine einzige Pflanze, obwohl er sonst ja riesige Schutthalden, Bahndämme, brachliegendes Bauland usw. überwuchern kann.

Da erinnerte ich mich daran, dass meine Großmutter mir einmal erzählt hatte, dass sie sich alle Pflanzen, die sie in ihrem Garten ansiedeln wollte, einfach herbeiwünschte. Ich hatte sie damals nicht ganz ernst genommen, aber ich dachte mir, dass man es ja durchaus einmal versuchen könne, wenn es nicht funktionieren würde, könnte ich ja immer noch irgendwo eine Pflanze ausgraben und mit nach Hause nehmen. Also begann ich, mir vorzustellen, dass links neben meiner Haustüre ein großer Beifußstrauch wachsen würde. Links der

Haustüre gehören laut meiner Großmutter alle Schutzpflanzen hin, die dort anscheinend die beste Position haben, das Haus und alle seine Bewohner zu beschützen.

Es kann sich niemand vorstellen, was für eine riesige Freude ich dann hatte, als ich im folgenden Frühling links von der Haustüre ein kleines Beifußpflänzchen fand. Mittlerweile ist es wirklich ein riesiger Strauch geworden, der alles Ungute fernhält. Ich denke nicht mal dran, unsere Haustür zu verschließen!

Er samt sich auch fleißig in der ganzen Umgebung aus und ich bin mir nicht sicher, ob alle Nachbarn sich am Beifuß genauso erfreuen wie ich …

Steckbrief:

Artemisia vulg., Asteraceae. Venus. Die Mutter aller Kräuter. Blätter an der Unterseite weißlich.

Heilwirkungen/Inhaltsstoffe:

Tee: Blätter, Wurzeln:

- Bitterstoffe wie alle Wermutarten
- Epilepsie
- Durchfall
- Krampflösend: Magen, Darm, Blähungen
- Vor allem in der Gynäkologie zu verwenden: Geburtshilfe, bei Menstruationsbeschwerden, Regelkrämpfen, Unfruchtbarkeit, Entzündungen, Krämpfen

Gewürz: Blütentriebe

Hildegard von Bingen empfahl, den Beifuß zu trocknen, pulverisieren und v. a. Fettspeisen damit zu würzen.

Blattmasse auch für Bäder und Fußbäder verwenden.

Kraftpflanze für Wanderer: (Name!) Sammeln, trocknen, in die Schuhe geben. Ich habe auch einmal – da die Beifußbüschel in den Schuhen immer verrutschten und unangenehme Hügel bildeten, Beifuß-Wolle-Einlagen gemacht. Ich trocknete das blühende Kraut und mörserte es. Das ergab eine wollig-flockige Konsistenz, die sich dann vorzüglich mit kardätschter Schafwolle zu Einlagesohlen verfilzen ließ. Fußbäder. Beifußöl, Beifuß-Fußbalsam.

Rezept für Fußbalsam:

- Zutaten: Beifuß, 50 g Rapsöl, 30 g Bienenwachs, 5 Tropfen Lavendel- und 5 Tropfen Teebaumöl.
- Frisches Beifußkraut in Öl ansetzen.
- 4–6 Wochen ziehen lassen, abseihen.
- Schonend im Wasserbad erwärmen, bis das Bienenwachs schmilzt.
- Ätherische Öle beimengen.
- Kalt rühren: So lange rühren, bis der Balsam abgekühlt ist.
- In Tiegel füllen, mit Datum und Inhalt beschriften.
- Dieser Balsam hat sowohl desodorierende als auch heilende und entspannende Eigenschaften.

Schlafstörungen: Beifuß ins Kopfkissen, der Duft wirkt sedierend auf das Vegetativum.

Räucherkraut und energetisches Mittel: Interessant am Beifuß ist in diesem Zusammenhang vor allem seine Globalität: Fast überall auf der Welt gibt es verschiedene Beifußarten und in fast allen Kulturen wird der Beifuß auch als energetisches Therapeutikum und/oder Räuchermittel verwendet.

Z. B. wird in China eine spezielle Beifußart zum Moxen verwendet, in Amerika ist »Sage« ***das*** Räucherkraut schlechthin usw. Für mich hat Beifuß neben dem Salbei und dem Wacholder die am stärksten reinigende Wirkung.

STUFE 5: MAGIE

Noch ein paar Beispiele für Rituale, bis du selbst ganz sattelfest bist. Sie sollen dir helfen, deine eigenen zu finden, und dir Anregungen dazu bieten. Es schadet sicherlich nicht, zu Beginn einige Rituale »nachzubauen«. Variiere aber gleich mit den Elementen und den einzelnen Bausteinen je nach deinen Bedürfnissen!

Ritual für das Loslossen von verletzten Gefühlen, von Misstrauen, Eifersucht, gebrochenem Herzen

- Schreib alles, was dir wehtut, auf einen Zettel.
- Dann vergrabe ihn rituell, verbrenne ihn oder lass ihn mit dem Meer oder einem Fluss/Bach davonschwimmen – was dir für das Jeweilige am geeignetsten erscheint.
- Du wirst feststellen, dass nicht gleich alles weg ist. Die Gefühle werden sich verändern, und wo vielleicht am Anfang eher noch Traurigkeit war, wird die Wut an ihre Stelle treten.
- Dann wiederhole das Ritual (Du weißt ja, mit dem Räuchern, mit dem Schutzkreis, der Begrüßung der Himmelsrichtungen und danach dem Verabschieden der Spirits, die dich unterstützt haben) wieder. Dieses Mal mit den neuen Gefühlen auf dem Zettel.
- Und jedes Mal wirst du dich etwas leichter fühlen.

Erneuern, Stärken einer Beziehung

- Besorge dir etwas Erde, auf der dein Partner bereits gegangen ist (wo sind Stellen im Garten, die ihr barfuß betreten habt?).
- Dann gebt die Erde in einen Blumentopf (jeder für sich einen eigenen) und sät die Samen eurer Liebe hinein. Am besten geeignet sind Ringelblumen (sie stehen für Beständigkeit) und Kapuzinerkresse (sie steht für die Würze und die Buntheit).
- Hegt und pflegt die Töpfe, bis die Blumen treiben. Sobald der Frühling warm genug ist, sucht draußen ein schönes Plätzchen für eure Liebesblumen.
- Erntet jedes Jahr die Samen und streut sie weiter im Garten und in der Umgebung aus. Es ist schön zu beobachten, wie eure Liebe wächst und gedeiht …

Der Hausaltar

In jeder Kultur gibt es Altäre und in vielen haben die Hausgötter auch einen fixen Platz in der Wohnstatt der Menschen. Sieh dich um, du wirst auch in unserer christlichen Kultur fündig werden: ein Bild des hl. Franz von Assisi, darunter eine Kerze. Der hl. Antonius als Sachenfinder wurde bei uns zu Hause sehr häufig strapaziert: Immer stand ein Blumenstrauß vor der kleinen Figur, oft brannte ein Licht. In vielen Autos findet man einen hl. Christophorus und oft auch hier einen kleinen trockenen Tannenzweig …

Etwas ganz Besonderes ist es, wenn man mit seinen Kindern zusammen beschließt, der »Mutter Erde« einen Altar zu bauen. Eine kleine Ecke wird sich in jedem Haushalt finden lassen!

Anregungen: Die vier Elemente ehren: Wie kann man sie darstellen? Z. B. eine kleine handgefertigte Schale mit Wasser, eine Kerze, ein schöner Stein, eine Feder …

Wie können wir die Geistwesen, die an diesem Ort schon lange vor uns gewohnt haben, stärken?

Geisterhäuschen

In diversen Kulturen finden wir immer noch den Brauch, den Geistern eine neue Heimstatt zu geben, und auch, sie jeden Tag zu »füttern«. Ebenso können wir ihnen eine Wohnung bereiten, im Garten, auf dem Balkon oder auch im Haus selbst. Der Phantasie und Kreativität sind wieder keinerlei Grenzen gesetzt: Ob dieses Häuschen aussieht wie ein Vogelhaus oder eher wie ein Miniaturtempel oder eine Erdhöhle, ist vollkommen dir und den Deinen überlassen (oder eben auch den Spirits, wenn sie sich über die Verbindung mit Mutter Erde bei dir melden). Wichtig ist auch hier wieder die Geisteshaltung dahinter. Wenn wir den Spirits Futter geben – ein gutes Glas Wein, einen Teller Hirsebrei, ein Stück Schinken – stärken wir sie durch unsere Aufmerksamkeit. Somit haben wir uns freundlich gesinnte Geistwesen im Haus oder Garten und jeder, der auf Besuch kommt, wird das spüren: die angenehme Atmosphäre, dieses »Sich geborgen Fühlen« an einem Ort oder umgekehrt ein Gefühl der Kälte oder gar Ablehnung hat sehr häufig mit der An- oder Abwesenheit von Spirits zu tun …

Das Sonnenuntergangs-Ritual

Es ist eines meiner Lieblings-Rituale, das ich so oft wie möglich ausführe, besonders gerne, wenn ich am Meer bin:

Ca. eine Viertel- oder halbe Stunde, bevor die Sonne untergeht, wandere ich zu einem Platz, von dem aus ich das Ereignis besonders gut beobachten kann und an dem ich ungestört bin. Nach den einleitenden Handlungen setze ich mich mit Blick auf die Sonne hin und beginne zu trommeln oder rasseln. Ich spreche die Sonne an: »Vater Sonne, wenn du jetzt untergehst, bitte nimm alles mit, was mich belastet, alles, von dem es gut ist, es loszulassen!« Ich beginne aufzuzählen, was das alles im Moment ist. Womöglich auch an ein besonderes Problem gebunden. Wenn du z. B. finanzielle Sorgen hast, könnte das sein: »Nimm mit all meine Existenzängste, alle Kleinlichkeit, alles, was verstockt ist und nicht mehr fließen kann. Nimm mit unter den Horizont alles, was mich davon ablenkt, genug Geld verdienen zu können: meine Wut auf diese Person, meine Unkonzentriertheit und Zerstreutheit …« Dann bitte ich Vater Sonne, mir alles mitzubringen, wenn er wieder über den Horizont steigt, was mich näher zu meinem gewünschten Ziel bringt. In unserem Beispiel könnte sich das so anhören: »Vater Sonne, wenn du nach der Nacht wieder mit deinem Leuchten und deiner Wärme in unser Leben trittst, dann bring mir bitte alles mit, was mir dabei hilft, meine Sorgen zu bewältigen: Kreativität, Großzügigkeit, Zuversicht und die Gewissheit, dass das Geld jetzt fließen kann!« Das lässt sich natürlich beliebig variieren, jeder Wunsch, jede Problematik kann damit bearbeitet werden.

Manchmal mache ich das Ritual mit etwas anderen Inhalten: Ich gebe Vater Sonne alles mit hinter den Horizont, wofür ich danken möchte. Und alles, worum ich bitten will, lasse ich von ihm am Morgen herauftragen.

Wie auch immer: Es ist ein kraftvolles Ritual und erfreut zudem noch durch die Schönheit des Farbspiels deine Sinne!

STUFE 5: KREATIVITÄT

Jetzt geht's an's Kochen und Mixen, an's Ansetzen, Rühren und mit dem Kräutermaterial Arbeiten. Sollte gerade Schnee auf den Pflanzen liegen, dann ziehe eines der nächsten Kreativitätskapitel vor! Die Wildkräuter können normalerweise das ganze Jahr verwendet werden, außer, sie sind wirklich gerade unter einer dicken Schneedecke verschwunden. Der nächste Frühling oder auch nur das nächste Tauwettter kommt bestimmt!

Zwischenstand

Wie geht es dir? Haben die Übungen bereits Früchte getragen? Die Beschäftigung mit dir selbst als Frau auf einer neuen Ebene? Kommt dir dein Leben in einem positiven Sinn verändert vor? Fühlt es sich schon satter, runder, bunter an?

Oder hast du das Gefühl, noch immer im gleichen Trott demselben Stress, denselben unbefriedigenden Alltagsquerelen und kleinen Dramen ausgesetzt zu sein? Weder dich selbst von einer anderen Seite kennengelernt zu haben, noch den Zauber zu verspüren, den ich dir in Aussicht gestellt habe?

Dann liegt das vielleicht an deinem Zweifel: Es steht gar nichts Außergewöhnliches in diesem Arbeitsbuch, das meiste ist nicht einmal neu, es geht hier wirklich nur um die Bereitschaft, sich darauf einzulassen, jeden Schritt, jede Stufe nachzuvollziehen. Lieber zu langsam, als etwas zu überspringen. Das eigene Tempo zu finden ist manchmal gar nicht so einfach: Haben wir doch alle verinnerlicht, dass alles schnell und glatt gehen muss, alles funktionieren muss, alles effektiv sein soll.

Dies ist ein Praxisbuch. Es geht einzig und allein darum, alles in die Tat umzusetzen und noch möglichst viel Spaß dabei zu haben. Sollte der gewünschte Erfolg noch nicht eingetreten sein, dann beginn von vorn, noch bevor du diesen 6. Schritt machst. Lies Kapitel für Kapitel durch und hol dir aus jedem deine ganz persönlichen Leckereien heraus. Wenn dich die Ritualkunde am meisten fasziniert, dann setze dich damit mit noch mehr Freude und Begeisterung auseinander. Wenn es die kreativen Dinge sind, dann spüre noch ein wenig mehr in dich hinein, was dir Vergnügen und schöpferische Befriedigung verschaffen könnte. Und tu es!

STUFE 6: HEILUNG

Jetzt kommen Vorschläge für eventuell das eine oder andere Kraut, das zu dir gehören könnte. Beginn, deine eigene Grüne Neune oder Elfe oder Dreizehne zu finden! Beobachte, schau dich um in deiner nächsten Umgebung! Wenn du einen Garten hast, ist das noch recht einfach: Welche »Unkräuter« verfolgen dich regelrecht? Was wuchert am meisten? Welche Kräuter kannst du jäten, sooft du willst, aber sie kommen immer wieder? Sie alle zeigen dir, was du am dringendsten brauchst – du oder die Deinen. Schon Paracelsus war der Meinung, dass es für Heilung die aktive Mithilfe der Pflanzen benötigt. Was liegt also näher als die Annahme, dass die Kräuter sich genau zu diesen Menschen »einladen«, die sie brauchen, um heil zu werden?

Ich möchte dazu eine Geschichte erzählen:

Als ich mein altes Haus in Obsteig, Tirol, erstand, erwarteten mich damit nicht nur viele Renovierungen in den Räumen, an Heizung, Fenstern und Dach, sondern vor allem ein äußerst schwieriger Garten: Vor dem Haus war er zu einer viel befahrenen Bundesstraße hin mit einer sehr löchrigen Fichtenhecke begrenzt. Sie bot nicht nur keinen Schutz vor Lärm und Dreck, sondern sie hatte auch zur Folge, dass der Boden vermooste und keine gesunden Unkräuter wuchsen. Eine hohe Holzmauer wurde errichtet und im Garten an der

Mauer entlang eine Vielzahl von unterschiedlichen Büschen und Beerensträuchern gesetzt. In die Mitte kam eine Hängebirke, um die übermäßige Feuchtigkeit abzuziehen. Und siehe da: Bereits im zweiten Jahr konnte ich hier Giersch, Gänseblümchen, Löwenzahn, Knoblauchrauke u. v. a. mehr ernten.

Auch den Streifen Wald, den ich am Rand meines eigenen Grundes dazupachtete, um hier meinen Wildkräutergarten anzulegen, behandelte ich, wie eine strebsame Permakulturfrau ihren Garten eben behandelt: Ich beobachtete, woher der Wind kam, welche Kräuter bereits da waren, was der Boden noch brauchte, um mehr Vielfalt hervorbringen zu können und wieder zu gesunden. Mit viel Mulch, mit einer »Wärmefalle«, mit Brennnesseljauche und Gesteinsmehl war der Boden auch dort innerhalb von 4 Jahren so weit, alle meine Wildkräuter aufzunehmen, noch mehr sich ansiedeln zu lassen und mir ganz viel Freude zu bereiten.

Nun aber mein schlimmstes Sorgenkind: Eine ebene Stelle von ca. 5× 5 m bot sich als Platz für einen Mandalagarten nach Permakulturprinzipien an. Hier entstand ein winziger Teich mit Seerosen und Rohrkolben, hier wurden Erdbeeren, Salat, Knoblauch und Ringelblumen gesetzt, hier war eine kleines Feld für Experimente, neue Pflanzennachbarschaften auszuprobieren usw.

Aber im zweiten Jahr kam sie und überwältigte den Garten regelrecht: Die Zaunwinde blies zum Angriff! Was auch immer ich machte: Noch mehr Mulch, den Boden jedes Jahr im Frühling bis zu einem Meter ausheben, die gesamte Erde durchsieben, um jedes noch so winzige Würzelchen zu finden und entfernen, im kommenden Jahr wucherte die Pflanze noch mehr: Oberirdisch wurde alles von einem dichten Geflecht von Ranken bedeckt, unterirdisch erstickte der Wurzelteppich so ziemlich alles, was noch wachsen wollte. Ich kämpfte vier lange Gartensaisonen. Nichts half. Bis mir meine eigenen Predigten in meinen Kräuterausbildungen in den Sinn kamen: Was will denn diese Pflanze von mir? Nein: ***Was will diese Pflanze mir geben?***

Und ich setzte mich zu ihr. Ich betrachtete sie, das erste Mal ohne Zorn. Ich sah, wie wunderschön ihre weißen Trichter sich zur Sonne hin entfalteten, ihr Blattwerk so filigran geformt war … Mir war keine phytotherapeutische Wirkung der Zaunwinde bewusst, die mir oder meiner Familie oder den Tieren weiterhelfen könnte, auch der Boden schien sie nicht zu benötigen. Also entschloss ich mich, eine Blütenessenz herzustellen: Wartete auf einen wolkenlosen Tag, ließ Wasser in eine große Muschel fließen (ich hatte das Gefühl, dass das Gewundene der Meeresschnecke dem Gewinde der Pflanze ähnlich war) und pflückte mit einigen größeren Blättern der Pflanze ein paar schöne Blüten. Vier Stunden lang wartete ich und schon während dieses Wartens veränderte sich noch einmal meine Einstellung zu ihr: Ich spürte eine tiefe Dankbarkeit, war sie doch so hartnäckig gewesen, sich mir immer wieder aufzudrängen, damit ich endlich ihre Hilfe annahm! Noch immer wusste ich nicht, wogegen oder wofür sie mir helfen wollte, aber das war in diesem Moment absolut nebensächlich … Ich seihte das Kraut ab, stellte eine Mutteressenz her und bewahrte sie in einer schönen Flasche auf. Im kommenden Jahr kamen nur noch einige kleine unbedeutende Pflänzchen der Zaunwinde. Jetzt, im dritten Jahr nach der Mutteressenz, lasse ich die drei oder vier, die noch wachsen, mit Begeisterung sich in die Thujenhecke hinaufwinden und sie mit ihren duftigen Blütentrichtern schmücken ....

In der Stadt – ohne Garten – wird es schwieriger, die eigene Grüne Neune zu finden. Balkone und Terrassen bilden eventuell noch eine Nische, in der sich oft erstaunlich viel von selbst ansät, einige der folgenden Kräuter kann man auch in Tröge oder Töpfe säen/setzen. Wenn es das alles aber gar nicht gibt, blicke dich im nächsten Grün um, das zu finden ist. Das kann eine Hundewiese sein, ein kleiner Park, was auch immer. Natürlich kann hier nichts geerntet werden. Registriere nur, was da wächst, dann fahre hinaus in den Wald, suche ungedüngte Wiesen fernab von Straßen, Hochspannungsleitungen usw. Und hier ernte, was du brauchst. Was nicht frisch sein muss (z. B. für Tinkturen), kannst du in der Apotheke besorgen oder dir selbst als Vorrat ernten, um es zu trocknen ... Heißer Tipp: Fast alle Wildkräuter können eingefroren werden, ohne viel von ihren wertvollen Inhaltsstoffen zu verlieren. So kann auch im Winter frisches Grün konsumiert werden!

Andere mögliche »Grüne-Neune-Kräuter«

Versuche, die Pflanzen in deiner Umgebung zu bestimmen, geh ihren Heilwirkungen nach, sie haben wichtige Botschaften für dich! Im Folgenden werde ich einige auflisten, die entweder als häufige Unkräuter auftreten oder die völlig problemlos in Töpfen vor dem Fenster kultiviert werden können und die alle äußerst wertvolle Geschenke für dich bereithalten!

Hirtentäschel (T, E, G)

Dieses unscheinbare Kraut wächst vorwiegend auf Schutthalden, Geröll, an Ackerrändern und es ist wie die meisten unserer großen Heiler ein »Gartenunkraut«. Verwechselt kann es mit dem Ackertäschelkraut werden, dieses hat im Gegensatz zum Hirtentäschel runde Schötchen.

Erst auf den zweiten oder dritten Blick erkennt man seine Besonderheiten und diese haben mich sogar als Kind schon begeistert: Die Blüten sind winzig und kaum sichtbar, da sie sich vom staubigen Grün des Blattwerks kaum abheben, aber die Samen haben es in sich. Winzige herzförmige Schötchen, die wirklich wie kleine Beutel oder Taschen aussehen. Ich weiß noch, dass meine Großmutter sie immer für meine Mutter gesammelt und als Tee zubereitet hat, da diese unter sehr heftigen Monatsblutungen litt. Gott sei Dank waren solche Themen bei uns zu Hause nie ein Tabu, es wurde sogar am Frühstückstisch offen darüber geredet, so konnte ich schon in frühen Jahren vom Heilwissen meiner Vorfahren profitieren.

Steckbrief:

Capsella bursa pastoris, Brassicaceae (Kreuzblütler), 4 Blumenkronblätter, 6 Staubgefäße. Die Samen haben die Form von Schötchen (breiter als lang). In der Mitte befindet sich eine Scheidewand, an der die Samen haften. 1–2-jährig.

Heilwirkungen/Inhaltsstoffe:

Für den Tee sind jüngere Pflanzen besser geeignet.

- blutstillend
- gegen Blasen- und Steinleiden

- Durchfall
- Schlaganfall

Auch als Homöopathikum wirkt das Hirtentäschel blutstillend, vor allem bei Blutungen aus den Körperhöhlen (Uterus, Blase, Magen).

Brunnenkresse (T, E, G)

Für meine Großmutter war die Brunnen- oder Bachkresse eine besonders beliebte Beute. Sie strahlte über ihr ganzes Gesicht, wenn sie zu Hause aus ihrem Korb die vor Nässe glänzenden, fein gelappten Blätter auspackte. Auch die Kresse wurde bei uns ähnlich dem Löwenzahn zusammen mit Kartoffeln zu einem wunderbaren Salat verarbeitet. Dass diese Pflanze aber auch besondere Heilwirkungen hat, war mir damals noch nicht bewusst:

Steckbrief:

Nasturtium off., Brassicaceae (Kreuzblütler)

Heilwirkungen/Inhaltsstoffe:

Tee, frisches Kraut:

- blutreinigend, hautklärend
- Frauenmittel: Geburtshilfe (Schwangere sollten nicht zu viel davon essen, da die Brunnenkresse Wehen auslösend wirken kann), Mensis anregend
- Magen stärkend bei Säuremangel
- gegen Steinleiden, Harnsäure lösend
- Leber und Galle anregend

Weiße Taubnessel (T, E, TI, G)

Auch sie ein früher Begleiter: Wir zupften die weißen Lippenblüten aus der Pflanze und saugten den Honig daraus. Die ganze junge Pflanze wurde ähnlich der Brennnessel (mit der sie im Übrigen nicht die geringste Verwandtschaft besitzt) geerntet und als Wildspinat verarbeitet. Die Taubnesselblüten waren eines der wenigen Teekräuter, die meine Großmutter in die Sonne legte zum Trocknen (andere nur an einen schattigen, luftigen Platz), da sie ihrer Meinung nach nicht mehr helfen würden, sobald die Blüten bräunlich angelaufen waren (was sie unweigerlich tun, wenn sie zu langsam trocknen!). Die Taubnessel wurde auch in fast jede Frauentee-Mischung gegeben.

Steckbrief:

Lamium album, Lamiaceae (Lippenblütler)

Heilwirkungen/Inhaltsstoffe:

Blüte als Tee:

- blutreinigend, hautklärend
- schweißtreibend
- Lunge stärkend
- Blase heilend
- Darm heilend
- Frauenheilmittel: entkrampfend, gegen innere Blutungen, ausgleichend für die Mensis, gegen Weißfluss, Wechselbeschwerden, beruhigend, schlaffördernd.

Ackerschachtelhalm (T, E, TI, G)

Für uns Kinder faszinierend war die urtümliche Form dieser Pflanze. Sie erinnerte uns an Darstellungen aus der Urzeit. Mit ein bisschen Phantasie konnte man sie überdimensional wachsen lassen und sich in einem Kreidezeitwald mit Sauriern und ähnlichen Ungeheuern herumschlagen. Spannend fand ich auch die Erzählungen meiner Großmutter: Sie hatte als Kind noch die Verwandtschaft des Ackerschachtelhalms, den großen Winterschachtelhalm, sammeln müssen, damit zu Hause das Zinngeschirr damit gescheuert werden konnte (Zinnkraut!). Der Ackerschachtelhalm wurde auch jeder Teemischung beigefügt, da meine Großmutter um seine allgemein gewebeaufbauende Wirkung wusste.

Steckbrief:

Equisetum arvense, Equisetaceae (Schachtelhalmgewächse). Das echte Zinnkraut hat im Frühjahr einen Sporentrieb, der nicht auf, sondern neben (und zwar vor deren Austreiben!) der Pflanze wächst. Die Seitenästchen sind immer entlang der Hauptachse anliegend und nicht gefiedert. Die Ästchen werden nach oben hin kürzer, die Endspitze steht vor (der Sumpfschachtelhalm hat oben gleich lange Spitzen). Die ersten Glieder der Seitenäste sind länger als die Blattscheiden. Er wächst auf dem Trockenen und ist in vielen Gärten zu finden.

Inhaltsstoffe/Heilwirkungen:

- Stark kieselsäurehältig
- für alle Körperzellen wichtig
- Stütz- und Bindegewebe, Haut, Nägel, Haare aufbauend

Tee: Bis zu 10–15 min auskócheln (wie fast alle kieselsäurehältigen Pflanzen). Kann als Grüngetränk, als Gurgelmittel, bei Eiterungen verwendet werden.

Auch als *Genusspflanze* ist der Katzenschwanz geeignet, allerdings nur die ganz jungen, äußersten Triebspitzen, und die nur im frischen Zustand und feinst gerebelt in alles Mögliche daruntergemischt, da sonst die raue, trockene Konsistenz stört.

Magisches Mittel: Stärkt die Wahrnehmung. Kann zum Weissagen verwendet werden.

Bärlauch (T, E, G)

Um Bärlauch zu ernten, nahmen wir manchmal recht weite Reisen auf uns, denn in unserer nächsten Umgebung war er leider rar bis gar nicht zu finden. Er wächst vor allem in lichten Laubwäldern und ist sicher eines der wohlschmeckendsten Wildkräuter. Das ist auch der Grund, warum es in jedem Jahr so viele Todesfälle durch Vergiftungen mit Maiglöckchenblättern gibt (Achtung: außer dem Knoblauchduft gibt es noch andere sichere Unterscheidungsmerkmale: Das Maiglöckchen trägt immer zwei bis drei Blätter an einem Stiel, das Bärlauchblatt treibt einzeln aus. Bitte immer Blatt für Blatt ernten, nicht händevoll grasen, dann geraten nicht aus Versehen die falschen Blätter drunter!).

Bärlauch lässt sich relativ leicht kultivieren, wenn die Umgebung halbwegs passt: Er braucht Feuchtigkeit und Schatten. Ich habe seine winzigen Zwiebelchen im Tiroler Unterland ausgegraben und neben unserem Haus am Bach (im Tiroler Oberland, wo man fast keinen Bärlauch findet) eingesetzt. Er vermehrt sich schnell und bereitet mir jedes Jahr aufs Neue mit seinen hübschen Blütensternchen Freude. Zum Ernten bin ich noch zu geizig mit ihm!

Steckbrief:

Allium ursinum, Liliaceae (Liliengewächse).

Inhaltsstoffe/Heilwirkungen:
- Bester Gefäßreiniger, mit Cognac angesetzt
- Blutdruck ausgleichend (Schnittlauch gegen zu hohen)
- Magen: 10–15 Tropfen des Extraktes in Milch
- Immunsystem stärkend

Genusspflanze:
- Salat, Soßen, Suppen
- Pesto mit Olivenöl und Pinienkernen

Stinkstorchschnabel oder Ruprechtskraut (T, E, TI)

Den Namen trägt er nicht zu Unrecht, denn sein Geruch ist wirklich gewöhnungsbedürftig. Umso vielfältiger sind seine Heilwirkungen und er ist sehr häufig, auch in Gärten, an eher schattigen Plätzen zu finden.

Steckbrief:

Geranium robertianum, Geraniaceae (Storchschnabelgewächse). Rötlich überlaufene Blätter und Stängel; rosa kleine Blüten, alles etwas behaart. Stinkt.

Heilwirkungen/Inhaltsstoffe:
Tee, Extrakt, Tinktur:
- Frauen: die Fruchtbarkeit steigernd, ausgleichend auf die Mensis
- Nerven beruhigend
- blutreinigend: Haut- und Augenleiden
- schweißtreibend: Erkältungen
- Harnsäure lösend: Nieren, Steinleiden
- Verdauung: Leber, übersäuerter Magen

Wiesenklee/Rotklee (T, E, TI, G)

Beim Wiesenklee hielten wir uns gar nicht lange mit dem Auszupfen der kleinen Einzelblüten auf: Der ganze Kopf wurde gepflückt und seine Honigsüße ausgesaugt …

Steckbrief:

Trifolium pratense, Fabaceae (Schmetterlingsblütler). 3-Zahl der Blätter, viele mit weißer Marke.

Heilwirkungen/Inhaltsstoffe:
- Tee, Extrakt, Tinktur: Köpfe zu Beginn der Blüte ernten.
- Frauenheilmittel aufgrund seiner Phytohormone: Weißfluss, Wechselbeschwerden.
- Wundsalbe: Köpfe mit wenig Wasser kochen, abseihen, bis streichfähige Paste bleibt.

Gänsefingerkraut/Krampfkraut (T, E, TI)

Auf Äckern, an Wegrändern, häufig auch in Gärten, siedelt in zart gefiederten Rosetten, die Blätter fein gezahnt und an der Unterseite weiß filzig, das Gänsefingerkraut. Wie bei allen Rosengewächsen haben die 5 Blütenblätter eine samtige Oberfläche und wie bei fast allen Fingerkräutern strahlen sie in einem satten Gelb. Eine hübsche Pflanze und ein wichtiges Heilkraut!

Steckbrief:

Potentilla anserina, Rosaceae (Rosengewächse). Fein gezahntes Blatt, unpaarig gefiedert, weiß-filzig auf der Unterseite.

Heilwirkungen/Inhaltsstoffe:

- Hilft gegen alle Krampfarten, auch für Kinder (besser für Kinder oft Kamille)
- Frauen: ausgleichend auf die Mensis, Regelkrämpfe

Weißklee (T, E, TI, G)

Ähnlich wie der Rotklee häufig, eher aber in Gärten als in Äckern und Wiesen, zu finden.

Steckbrief:

Trifolium repens, Fabaceae (Hülsenfrüchtler). Wie der lateinische Name sagt, kriecht die Pflanze und es richten sich nur die äußersten Triebspitzen mit den Blüten auf.

Heilwirkungen/Inhaltsstoffe:
- Köpfe sammeln
- Schmecken gut, deshalb in den Haustee mischen!
- Gegen Magersucht, Altersschwäche, zur Rekonvaleszenz, aufbauend. Im Gegensatz zu anderen kräftigenden Pflanzen keine Bitterstoffe, deshalb besonders für Kinder gut zu verwenden
- blutreinigend
- Drüsen pflegend und stärkend

Klebriges Labkraut (T, E, G)

Wie die meisten Gartenunkräuter habe ich es verflucht, bevor ich um seine vielfältigen Heilwirkungen wusste: Schon die langen klebrigen Ranken sind lästig, die kleinen kugeligen Samen bleiben aber an jedem Gewand, in jedem Fell hängen und sind schwierig zu entfernen …

Steckbrief:

Galium aparine, Rubiaceae (Krappgewächse). Das Kraut sollte nach Möglichkeit frisch verwendet werden.

Heilwirkungen/Inhaltsstoffe
- blutreinigend
- Stark kieselsäurehältig (wirkt auf Haut, Lunge, Bronchien)
- Harnsäure lösend (Nieren, Blase)
- auch als frisches Kraut zu Salaten zu verwenden, aber nur in kleinen Mengen: Die äußersten Triebspitzen sehr fein hacken wegen der pelzig-klebrigen Oberfläche!

Schöllkraut (T, E)

Bekannter ist das Schöllkraut wahrscheinlich unter dem Namen »Warzenkraut«. Der gelb-orange Milchsaft wurde auch in unserer Familie immer sehr erfolgreich genutzt, wenn irgendwo Warzen auftraten. Natürlich bei abnehmendem Mond!

Steckbrief:

Chelidonium maius, Papaveraceae (Mohngewächse). 4 gelbe Blütenblätter, stark gebuchtete, hellgrüne Blätter, die sehr früh im Jahr austreiben.

Heilwirkungen/Inhaltsstoffe:

- Das ganze Kraut ist ein phantastisches Leberpflegemittel, sollte aber nur in Mischungen für Tee verwendet werden, sonst den alkoholischen Ansatz verwenden und diesen tropfenweise einnehmen.
- Öffnet das Pfortadersystem.
- Umstimmungsmittel für chronische Erkrankungen.
- Bei allen Hautproblemen, die über die Leber gehen: fettige, graue, unreine Haut.
- Virus hemmend: Warzenmittel, Saft oder Salbe.

Leberreinigende und -stärkende Kur
mit Schöllkraut und Mariendisteln

2× wöchentlich: Speichel ziehen und in den Speichel einen kleinen Tropfen Schöllkrautmilch (des frischen Krautes) mengen. Schlucken. Der Zeitpunkt ist egal.
Täglich: 5–7 Mariendistelsamen zur Gänze auskauen, die Schalen ausspucken. Auch hier ist der Zeitpunkt egal.

Die Mariendistel ist eine beeindruckende, bis zu 2 m hohe Distel mit weiß gemusterten Blättern und lila Blüte. Leider ist sie nicht ganz so leicht zu finden wie das Schöllkraut, aber die Samen sind in jeder Apotheke, die auch Kräuterheilmittel führt, zu bekommen.

Die Kur sollte über ein halbes Jahr gemacht werden, durchgehend, ohne Rücksicht auf den Mondstand.

Käsepappel/Wegmalve (T, E, G)

»Kaspappeletee«, ein sämig-mild undefinierbar schmeckender Tee, begleitete mich durch meine Kindheit bei Bronchien-, Magen- und Hautproblemen. Auch aßen wir gerne die frischen grünen Samen, die wie winzige Käselaibe aussehen, vor allem dann, wenn sich Magen- und Darmtrakt nicht im Gleichgewicht befanden.

Steckbrief:

Malva neglecta, Malvaceae (Malvengewächse). Ähnliche Blätter wie Frauenmantel. Kriecht am Boden.

Inhaltsstoffe/Heilwirkungen:

- Immunsystem stärkend
- Alkoholische Tinktur, Waschungen: pflegend bei Schrunden und Ekzemen
- Kaltansatz der ganzen Pflanze (zerkleinern, 6 Std. in Wasser ansetzen): bei Schleimhautbeschwerden im Magen-Darm-Trakt
- Magen, Durchfall
- blutreinigend
- Harnsäure lösend

Kleinblütiges Weidenröschen (T, E, TI)

Wenn meine Mutter für den Vater Weidenröschentee kochte gegen eine geheimnisvolle Krankheit namens »Prostatabeschwerden«, stellte ich mir immer eine Trauerweide vor, von der kleine Rosen hingen. Erst in meinem eigenen Garten fand ich – als ich mein altes Haus kaufte – seltsame Pflanzen, aus denen Büschel von baumwollähnlichen Samen quollen, vor. Mir wurde klar, dass die Ähnlichkeit mit der Weide nicht in ihrem Wuchs oder ihren Blüten, sondern in ihren Samen bestand. Interessant fand ich auch, dass der Garten bei meinem Einzug von Weidenröschen regelrecht überwuchert war, dass der Vorbesitzer an Prostataproblemen litt und später sogar an Prostatakrebs. Nach einigen Jahren in meinem Besitz war die Pflanze außer ein paar wenigen Exemplaren verschwunden.

Steckbrief:

Epilobium parviflorum, Olnoteraceae (Nachtkerzengewächse)

Heilwirkungen/Inhaltsstoffe:

- Blase
- Prostata
- Frauentee (Weißfluss, Gebärmutter)

Kleine Brunelle (Braunelle) (T, E, TI, G)

Auch die kleine Brunelle begegnete mir bewusst erst im Erwachsenenalter. Ich hatte mich schon lange mit Bachblüten und auch mit kalifornischen Blütenessenzen beschäftigt und eine dieser Blütenessenzen namens »Self Heal« faszinierte mich besonders, da sie – wie der Name ja aussagt – vor allem die Selbstheilkräfte anregt und wirklich bei allen Wehwehchen einsetzbar ist. Wenn einer meiner Söhne mit einer stark blutenden Kopfwunde auftauchte, desinfizierte ich diese mit dem alkoholischen Konzentrat (aus der Stockbottle) und man konnte beinahe zusehen, wie sich die Wunde schloss. Wenn einer der Hunde unter Durchfall litt, wurde Self Heal ins Trinkwasser getropft, genauso, wenn eine meiner Pflanzen schwächelte, ins Gießwasser. Es half immer! Deshalb war ich auch ganz erstaunt, dass die geheimnisvolle Pflanze, die dahintersteckt, die kleine Brunelle ist, der Rasen vor unserem Haus ist übersät von den violetten Köpfchen!

Steckbrief:

Prunella vulg., Lamiaceae (Lippenblütler). Wächst in der Wiese. Köpfe oft purpurrot überlaufen. Wurde früher gegen Diphtherie (Halsbräune) verwendet.

Heilwirkungen/Inhaltsstoffe:

Tee, frische Triebe:

- Immunsystem stärkend
- Wundheilmittel
- blutstillend
- Durchfall
- Als Blütenessenz ein Allheilmittel

Ringelblume (T, E, TI, G)

Ringelblumen säen sich zwar häufig selber auf Schutthalden und auch in Gärten an, wenn nicht, kann man aber ganz leicht nachhelfen. Kaum eine Blume ist leichter irgendwo sesshaft zu machen oder auch in Töpfen zu ziehen wie die Ringelblume. Und es gibt auch kaum eine Pflanze, die es ihr an Heilwirkungen gleichtut …

Steckbrief:

Calendula off., Asteraceae (Korbblütler). Die Blüten sind hübsche, in allen Farbabstufungen zwischen gelb, orange und braun spielende kleine Sonnen. Am heilkräftigsten sind die orangen Blüten, sie beinhalten die meisten Carotinoide.

Heilwirkungen/Inhaltsstoffe:
- Wundheilung: Narben verbessernd, Keloidbildung verbessernd (als Bäder, Kompressen, Salbe zu verwenden)
- Leber und die Schleimhaut des Magen- und Darmtraktes heilend
- Die Blütenblätter auch in Salate und Suppen geben

In Öl ansetzen:
- Wundöl, desinfizierend, antibakteriell
- Gut geeignet für Kinder, brennt nicht in offenen Wunden.

Kapuzinerkresse (T, E, G)

Ähnlich wie die Ringelblume ist auch die Kapzinerkresse leicht anzusäen, sie verbreitet sich dann selbstständig genauso gut in der näheren Umgebung. Die Kapuzinerkresse ist eine sehr schmückende Blume für Rabatte und die rankende Form für Mauern. Außerdem – und das ist erstaunlich wenig bekannt – ist die Pflanze ein starkes pflanzliches Antibioticum. Sie schmeckt phantastisch und deshalb wird sie auch von Kindern bei den ersten Anzeichen einer Erkältung gern gegessen, was die Krankheit dann oft gar nicht mehr ausbrechen lässt. Kapuzinerkresse ist ein absolutes Muss in jedem Garten, auf jedem Balkon oder Fensterbrett!

Steckbrief:

Tropaeolum maius, Tropaeolaceae (Kapuzinerkressengewächse). Blätter schildförmig. Magere Böden lassen mehr Blüten erscheinen als schwere oder stark gedüngte Böden. Die Kapuzinerkresse schmeckt zwar ähnlich wie die Garten- oder Bachkresse – sie hat dieselbe Schärfe –, aber sie ist Mitglied einer völlig anderen Familie und nicht einmal entfernt verwandt mit anderen Kressen.

Heilwirkungen/Inhaltsstoffe:

- Kresseähnliche Inhaltsstoffe (Senfölglykoside)
- Blätter und Blüten liefern einen wertvollen Salat (z. B. in Kartoffelsalat)
- In Essig angesetzt: Haarwuchsmittel
- Viel Vitamin C

Antibioticum:

- Hals, Rachen
- Darmtrakt
- Immunsystem

Gartenkresse (G)

Noch schmackhafter, ebenso leicht überall – auch in Töpfen, sogar ohne Erde – zu ziehen, aber leider mit weniger Heilanzeigen versehen wie die Kapuzinerkresse.

Steckbrief:
Lepidium sativum, Brassicaceae (Kreuzblütler)

Heilwirkungen/Inhaltsstoffe:
- Senfölglykoside sorgen für eine desinfizierende Wirkung auf Lunge und Verdauungstrakt
- Kreislauf stärkend
- Mineralstoffe enthaltend

Medizinen mischen

Du möchtest einen Tee mischen gegen den hartnäckigen Husten deines Vaters? Du weißt mittlerweile vielleicht, dass dagegen Spitzwegerich helfen könnte oder Eibischwurzel oder Huflattich. Hast eventuell auch das eine oder andere Kraut frisch getrocknet zu Hause? Was jetzt?

Es gibt jede Menge Kräuterbücher, in denen fix und fertige Rezepte gegen jede Art von Beschwerden zu finden sind. Die könntest du natürlich nachbauen. Aber was tun, wenn der Husten deines Vaters eher ein krampfiger als ein trockener Reizhusten ist und deshalb die vorgeschlagenen Kräuter nicht optimal geeignet sind? Was, wenn die vorgeschlagene Königskerze ausgerechnet heuer nicht so recht zu Kräften kommen konnte, da es während ihrer Blütezeit ununterbrochen geregnet hat?

Du möchtest eine Mischung aus diversen alkoholischen Auszügen herstellen, um die Menstruationsbeschwerden deiner Freundin zu lindern? Du weißt, dass Gänsefingerkraut helfen könnte, auch Frauen- und Silbermantel, Hopfen, Melisse, Kamille usw., aber wenn du ein vorgeschlagenes Rezept liest, sträubt sich innerlich etwas dagegen, es genau so zusammenzustellen?

Vermutlich hängt das damit zusammen, dass deine Intuition schon zu stark ist und dir sagen möchte, dass die Mischung für genau diese Person, zu genau diesem Zeitpunkt alles andere als ideal ist.

Ich mische Tees oder Extrakte/Tinkturen immer ganz individuell für eine bestimmte Person und dabei gehe ich äußerst intuitiv vor. Das sieht dann für Beobachter sehr »hexisch« aus: Ich nehme eine Prise aus diesem Korb, schüttle ein paar Blüten aus jenem Stoffbeutel, schnuppere an einem Behältnis und stelle es wieder zurück, hebe stattdessen ein anderes vom Kasten und füge meiner Mischung gleich mehrere Löffel davon bei.

Oder ich gieße mit Schwung einiges aus einer Flasche in eine andere, tröpfle einen Hauch aus einer zweiten dazu, zähle 33 Tropfen aus einer dritten hinein …

Was geschieht hier?

Ich stelle mir die Person, für die ich mische, vor, ich verbinde mich mit Mutter Erde, ich bitte die Geistwesen, mich zu leiten, wenn ich für das ganz spezielle Problem der Person etwas zusammenstelle. Ich versuche, meinen Verstand voll und ganz auszuschalten und nur mehr aus dem Bauch heraus zu agieren. Verblüffenderweise sind die Mischungen dann auch wirklich perfekt: 20 g von jenem Kraut, 10 von einem anderen, 30 von einem dritten. (Beachte bitte: Weniger ist meist mehr! Es ist ein bekannter Anfängerfehler, dass man in eine Mischung möglichst alle einem bekannten Kräuter für ein bestimmtes Leiden mischen möchte, dabei sind vielleicht 3 oder 4 wesentlich besser geeignet!). Manchmal ist ein Kraut dabei, das von der Thematik nicht so recht hineinpassen will. Wenn man aber nachfragt, stellt sich sicher heraus, dass genau dieses seine absolute Berechtigung hatte.

Es wird am Anfang vielleicht nicht so einfach sein, völlig intuitiv zu handeln. Dann beginne, indem du dir dem Krankheitsthema entsprechende Kräuter oder Auszüge zusammensuchst und aus diesen dann auswählst.

Du wirst sehen: Die Ergebnisse sind verblüffend und total zutreffend!

Viel Freude dabei!

STUFE 6: MAGIE

Ein wunderschönes Reinigungsritual:

Die Schwitzhütte

Dieses Kapitel ist das einzige, das nicht zum Alleine-Nachbauen, -Nachvollziehen, -Ausprobieren animieren soll. Im Gegenteil, das Schwitzhüttenritual solltest du wirklich nur als Teilnehmer/in absolvieren und erst, wenn jemand von einem Befugten die definitive Erlaubnis bekommen hat, selbst Wassergießer/in zu sein, wenn derjenige viel gelernt/geübt und Unmengen an Schwitzhütten selbst besucht hat, sollte dieses wunderschöne, sehr intensive Reinigungsritual selbst ausgeführt werden.

Schwitzhütten werden mittlerweile von vielen angeboten und nicht alle sind meiner Meinung nach wirklich geeignet, die Leitung und die Verantwortung dafür zu übernehmen.

Woran kann man denn erkennen, ob jemand befugt ist? Es ist für mich kein Kriterium, ob jemand bei irgendwelchen Indianern gelernt hat. Auch unter diesen gibt es Scharlatane und Abzocker. Auch bin ich der Meinung, dass keine Kultur diese Zeremonie für sich alleine beanspruchen darf. Vor einigen Jahren gab es einen sehr krassen Aufruf von extrem gesinnten Lakota-Indianern, der auf hetzerische und fanatische Weise alle, die nicht ihrer Kultur angehörten und trotzdem Schwitzhütten leiteten, diffamierte. Wer Schwitzhütten anböte und nicht Lakota sei, der würde den Einzigen, die ein Anrecht auf diese Zeremonie hätten (nämlich die Lakota), ihre Kultur stehlen.

Dieser Meinung bin ich definitiv nicht. Reinigungszeremonien gibt und gab es überall auf der Welt in der einen oder anderen Form und keine Kultur hat ein Monopol darauf. Wenn man allerdings Schwitzhütten macht, die nach Lakota-Tradition ablaufen, dann sollte man auch mit tiefem Respekt für diese Kultur agieren. Meine Schwitzhütten haben sich mittlerweile sehr vom Lakota-Zeremoniell entfernt, da ich auch hier versuche, möglichst die eigenen Wurzeln zu finden und möglichst viel einfließen zu lassen, was heimisch ist und von uns auch auf einer tiefen Gefühlsebene nachvollzogen werden kann. Was nützt mir denn eine Büffelmedizin, wenn ich so ein Tier noch nie zu Gesicht bekommen habe? Lieber ein Murmeltier, von dem ich genau weiß, was es symbolisiert, oder einen Steinbock oder einen Waldkauz …

Abzocke ist für mich wohl das wichtigste Kriterium, das mich eine Schwitzhütte ablehnen ließe. Freiwillige Spenden für Holz und das Waschmittel für die Decken, im äußersten Fall auch noch eine Art Energieausgleich für die aufgewendete Zeit, ja. Im Idealfall sieht sich ein Schwitzhüttenleiter als Diener an seinem Stamm, seiner Gemeinde, und daran sind die guten zu erkennen.

Ganz wichtig ist für mich auch die Erfahrung. Ich bin seit 20 Jahren Schwitzhüttenleiterin und natürlich hab auch ich irgendwann einmal eine erste Schwitzhütte geleitet. Trotzdem: Ein paar Jahre sind schon eine gute Sache …

Alkohol und Drogen widersprechen meiner Meinung nach

auch ganz gewaltig dem Sinn und Zweck einer Reinigungszeremonie und haben deshalb hier (wie bei allen anderen Ritualen auch!) keinen Platz.

Auch extremes Macho-Gehabe ist völlig daneben: Für die Erleuchtung braucht man meiner Meinung nach weder Brandblasen noch Hitzekollapse, und wenn jemand aus einer Schwitzhütte raus will, weil ihm zu heiß ist, er Angst hat oder Kreislaufstörungen, dann sollte er jederzeit dazu die Möglichkeit haben. Erkundige dich nach diesen Punkten, bevor du dich fix zu einer Schwitzhütte anmeldest!

Trotz allem möchte ich erzählen, was eine Schwitzhütte ist – was sie für mich ist – wie sie abläuft und was man durch sie erreichen kann. Einfach deshalb, weil sie ein so wundervolles und intensives Reinigungsritual ist und ich keinen Monat lang auf sie verzichten möchte …

An meiner ersten Schwitzhütte habe ich teilgenommen, als ich auf Besuch in Oregon war. Am Tag zuvor waren die Söhne Ernie Rainbows aufgeregt mit der Zeitung dahergelaufen: »Neues aus Europa – aus eurem Land sogar: Australien oder so!« Man hatte Ötzi gefunden und er sorgte für viel Gesprächsstoff am Feuer, beim Essen, sogar in der Schwitzhütte.

Als wir dann zu Hause unsere erste eigene Schwitzhütte bauten, wurde mein damals erst 9 Jahre alter größerer Sohn Zeuge, wie uns einer der grünen Äste, die wir in die Erde gesteckt hatten, entschlüpfte und mit viel Macht losschnellte. Nachdenklich legte er den Kopf schief: »Jetzt weiß ich, wie der Ötzi auf den Berg gekommen ist: Er wollte sich eine Schwitzhütte bauen, ließ dann versehentlich einen Ast los, und der hat ihn dann so hoch auf den Berg geschnellt.«

Und ich musste ihm innerlich grinsend recht geben. Auch ich bin der Meinung, dass die Schwitzhütte, wie wir sie als Zeremonie bei den Lakota gelehrt bekamen, in der einen oder anderen Form auch bei unseren Vorfahren üblich war. Überliefert sind ja noch die »Badln« in den Alpen (aus Lärchenholz gefertigte Badewannen, in die glühende Steine gelegt werden ...), Heubäder und offenbar auch Erdhöhlenbäder u. Ä.

Eine Schwitzhütte wird aus starken, jungen, biegsamen Ästen gebaut, es können Haseln sein, Eschen, Erlen oder Weiden ... Die Äste werden an einem Ende möglichst tief eingegraben, zu einem Halbbogen gebogen und gegenüber wieder tief in der Erde verankert.

In der Mitte dieses Gerüsts wird ein tiefes Loch gegraben, in dem bis zu 40 oder 50 große Steine Platz haben sollen. Idealerweise wird das Loch mit Lehm ausgekleidet, denn es gibt nichts Unangenehmeres, als wenn Fichtennadeln, Wurzeln und Erde zu glimmen beginnen, die Augen tränen und man nicht weiß, ob das taumelige Gefühl von der Trance oder einer Rauchgasvergiftung kommt ...

Nun zur eigentlichen Zeremonie:

- Der Feueraufbau: Meist wird zuerst aus größeren Hölzern eine Art Fundament gelegt, auf dem dann die Steine aufgeschichtet werden. Darüber wird dann eine Art Tipi aus Spänen, Reisig und großen und kleinen Holzstücken aufgebaut.
- Das Entzünden des Feuers: Am schönsten ist natürlich ein selbst geschlagenes Feuer, um eine Zeremonie, bei der Feuer ein so wesentliches Element ist, einzuleiten. Das wird aber auch bei den Lakota selbst sehr unterschiedlich gehandhabt.

- Das Decken der Schwitzhütte: Fast alle Schwitzhüttenleiter, die ich kenne, decken die Schwitzhütte, während das Feuer brennt. Man kann mit 1 ½ bis 2 Stunden rechnen, bis die Steine schön durchglüht sind, deshalb hat man jetzt genug Zeit dafür. Was auf den Schwitzhüttenboden kommt, variiert recht stark: Das können Isomatten sein, frische Fichtenzweige oder – in den Staaten häufig – eine Schicht aus Beifuß und wildem Salbei.
- Wassergießer und damit auch Leiter der Schwitzhütte betreten sie zuerst und lassen sich den ersten glühenden Stein, mit dem kurz alleine gebetet wird, hereinbringen. Jetzt ist die Gelegenheit, um Schutz zu bitten: dass die Spirits alle Teilnehmer unter ihre Fittiche nehmen, ihnen zeigen, was jetzt in ihrem Leben wichtig ist, ihnen diese ganz besondere Geborgenheit geben, sie mit neuer Kraft und Zuversicht, mit Klarheit und Entschlossenheit wieder ins Leben hinausgehen lassen.
- Wie die Schwitzhütte betreten wird, ist die Entscheidung des Leiters: Die Lakota und andere schamanistische Kulturen machen das immer im Uhrzeigersinn – wie wir ja auch die Elemente begrüßen –, zuerst im Uhrzeigersinn einmal um die Schwitzhütte, dann ebenso im Inneren um die Feuergrube. Ganz gleich wie, aber immer mit Respekt vor der Heiligkeit dieser Zeremonie und dem Schoß der Mutter Erde, der nun betreten wird. Mir persönlich gefällt auch in diesem Zusammenhang der Satz der Lakota »Mi takuje oyasin« oder »Alle meine Ahnen und Verwandten«. Auch unsere Vorfahren haben bei ihren Zeremonien immer aller Wesenheiten gedacht und sie geehrt.

- Wenn alle drin sind, kann die Eingangstür vom Feuermann oder der Feuerfrau geschlossen werden.
- Nun sitzen alle im Dunkeln und das ist ein besonderer Moment. Es gibt ein Lakotalied, in dem vor allem von dieser Dunkelheit gesungen wird, in der wir alle gleich sind, die uns wie im Schoß unserer Mutter jetzt im Schoß von Mutter Erde umfängt.
- In jeder Runde – zwischendurch wird die Hütte geöffnet, es wird in den meisten Schwitzhütten dann auch getrunken, kommen neue Steine in die Grube.
- Immer wieder wird aufgegossen und es kann sehr heiß werden. Mir persönlich ist es wichtig, sofort, nachdem sich der Schwall heißen Dampfes in der Schwitzhütte verteilt hat, an alle die Frage zu richten, ob es ihnen gut geht. Viele andere Leiter machen das ebenso.

Meist besteht eine Schwitzhütte aus vier Runden, auch die meinen, denn sie sind für mich stimmig und auch für uns Westler gut nachvollziehbar:

- Die erste Runde ist die Begrüßungsrunde. Die Teilnehmer werden begrüßt, ebenso die Spirits des Ortes und die persönlichen Verbündeten der Einzelnen eingeladen und gebeten, bei der Zeremonie zu unterstützen. Ich fordere meine Leute auf, gleich zu Beginn die Hände auf die bloße Erde zu legen, sich mit den Zehen in den Boden zu wühlen und sich eine Nabelschnur zu imaginieren, die ins Zentrum von Mutter Erde wächst und sich mit allen anderen Nabelschnüren vereint. Es ist so schön, dieses intensive Einssein zu fühlen! In allen Schwitzhütten, die ich kenne, werden Lieder gesungen, es wird getrommelt.

- Die zweite Runde ist die Teilungsrunde. Hier ist Platz für Geschichten, für Sorgen und Kümmernisse, Erlebnisse, Lieder, Gedichte, auch Witze, die man mit den anderen teilen will. Es sollte aber immer ganz klar sein, dass die Inhalte einer Schwitzhütte nie mit anderen besprochen werden dürfen. Was hier drin passiert, bleibt auch hier herinnen!
- In der dritten Runde wird gebetet: Den höheren Wesen gedankt für alles, was uns dankenswert erscheint, für Gesundheit, Kraft, Einsicht, Geduld oder was auch immer.
- In der vierten Runde wird wie immer gesungen und getrommelt, vor allem aber wieder verabschiedet.
- Bedenke, dass du in der Schwitzhütte immer eine ganz großartige Chance hast: Nämlich danach ein neues Leben zu beginnen, neu geboren zu werden. Du kannst nämlich gar alles, was dich belastet, was dich kränkt, was dich verunreinigt, bei den Steinen lassen. Ihnen gebührt deshalb auch besonderer Respekt: Die heiligen Steinleute, wie die Lakota sagen, sind uralte, weise Wesen und indem sie in der Schwitzhütte verglühen, geben sie ihr Leben für unsere Reinigung und Läuterung. Deshalb wird in den meisten Schwitzhütten auch jeder Stein, wenn er in die Grube gelegt wird, mit etwas Zeder oder einheimischem Räucherwerk begrüßt, willkommen geheißen bei der Zeremonie und ihm wird gedankt für die Hitze, die er schenkt!
- Ich selbst bin prinzipiell gegen starre Dogmen, aber in und um eine Schwitzhüttenzeremonie finde ich es noch viel wichtiger, in mein Herz hineinzuhorchen, die Verbindung zu Mutter Erde zu suchen, ihr zuhören, was sie mir sagt, wie ich diese Zeremonie, mittels der wir uns noch enger mit ihr verbinden, gestalten soll!

- Ich bin der Meinung, dass auch bei diesem Ritual unbedingt jedes Abkupfern vermieden werden sollte – aus tiefstem Herzen verstehen ist viel wichtiger als möglichst authentisches Nachvollziehen einer Zeremonie (die sich ja auch in Nordamerika von Stamm zu Stamm schon recht drastisch unterscheidet!). Ich weiß aber, dass es viele gibt, die gerade von der Fremdheit einer reinen Lakota-Zeremonie besonders stark berührt werden. Deshalb: Such dir die Zeremonien aus, die du selbst brauchst!

STUFE 6: KREATIVITÄT

Hier möchte ich dir ein ganz besonderes Kapitel ans Herz legen: den Tanz. In allen meinen Frauenseminaren nimmt er eine wichtige Stellung ein und auch Frauen, die anfänglich etwas skeptisch die Tücher und klingelnden Gürtel anlegen, bewegen mit der Zeit mit der gleichen Begeisterung ihre Becken, stampfen und wiegen sich. Mir persönlich haben es vor allem der orientalische und der afrikanische Tanz angetan, denn für mich sind sie die erdigsten, die sinnlichsten, die weiblichsten. Aber auch jeder Volkstanz und jeder klassische Tanz erfüllt seinen Zweck: Freude an der Bewegung, Genuss des eigenen weiblichen Körpers, sich ausdrücken in der Bewegung.

Tanz

Klar: Was in meinen Frauenseminaren immer fixer Bestandteil ist, lässt sich in diesem Rahmen nur ganz andeutungsweise beschreiben: Tanz allgemein, besonders aber der Bauchtanz und der Afrikanische Tanz sind für mich ganz wichtige Ausdruckweisen weiblicher Lebensfreude. Auch in ihnen fließen wieder die drei Säulen der Weiblichkeit zu einem harmonischen Ganzen zusammen:

- Indem wir uns auf Rhythmus und Töne einlassen und uns zu ihnen zu bewegen beginnen, schaffen wir etwas: Tanz –

in allen Kulturen wichtiger Bestandteil des gesellschaftlichen und sozialen Lebens und künstlerische Ausdrucksform.
- Durch die Bewegung vor allem des Beckens heilen wir unseren Körper.
- Tanz hat immer auch etwas mit Magie zu tun. Wir gleiten durch den Rhythmus in eine Art Trance und heiligen durch unsere Hingabe das Leben.

In meinen Seminaren gebe ich immer eine kleine Einführung in den Bauchtanz und die meisten Frauen sind dann neugierig und angeregt genug, um gleich zu Hause einen Kurs zu buchen. Fast überall wird mittlerweile Bauchtanz oder Orientalischer Tanz angeboten. Manchmal mehr mit medizinischem Hintergrund, um den Beckenboden zu trainieren, manchmal mehr, um das erotische Element hervorzuheben, manchmal aus purer Lust an der Bewegung und dieser Art von Musik. Ich möchte dich darin bestärken, dir so etwas wenigstens anzusehen, und solltest du entdecken, dass dir diese Art von Tanz Freude bereitet, lerne zumindest die Grundschritte, dann kannst du draus machen, was auch immer dir Spaß macht! Für mich war und ist der Orientalische Tanz seit eh und je etwas, was ich entweder alleine für mich haben wollte oder auch mit anderen Frauen teilen. Viele meiner Freundinnen erfreuen sich durchaus an Publikum – sei es nur das des eigenen Mannes oder an einem größeren. Das ist deine Sache. Wichtig sind Bewegung, das Erspüren der eigenen weiblichen Erotik, die Freude und die Kraft, die entstehen. Ich war vor vielen Jahren mit einem Mann zusammen, der es an der Aufladung des Raumes, in dem wir getanzt hatten, spüren konnte: »Ah, habt ihr wieder getanzt? Das Zimmer vibriert vor weiblicher Energie!«

Wenn du die Grundschritte beherrscht, denke bitte immer daran, vor jedem Tanzen einleitende Übungen zu machen, damit du auch die Heilkraft nützen kannst.

Beginne mit einer **Energie-Meditation** (gleich, welche Art von Tanz du für dich gewählt hast):

- Nimm die Bauchtanzgrundstellung ein (die gleichzeitig die Grundstellung auch für jede Heilarbeit sein sollte): leichte Grätsche, die Knie locker gebeugt, der Oberkörper aufrecht.
- Stell dir jetzt vor, dass du Energie, braune, satte Erdenergie, über die Fußsohlen nach oben ziehst, über die Beine in das Becken, wo sich ein Energiesee bildet – ein warmer, goldbrauner See, der dein Becken weit und weich und rund werden lässt.
- Fühle, wie sich die Wärme ausbreitet.
- Lass die Energie nach oben in den Rumpf steigen, in die Arme, in die Schultern, in den Kopf fließen.
- Mit jedem tiefen Atemzug (Bauchatmung!) lass mehr Kraft von Mutter Erde in dich fließen, dich stärken, dich beruhigen, dich heilen …
- Wenn du prallvoll bist von dieser Energie, beginn, dich von oben bis unten zu schütteln und zu vibrieren.
- Erst wenn jedes noch so kleine Körperglied prickelt, lass langsam nach.
- Dehnungs- und Mobilisationsübungen nicht vergessen!
- Zwischendurch immer wieder ausschütteln, atmen.

In den Seminaren schließen wir unseren Bauchtanz immer mit einem wilden, afrikanischen Workout ab. Wenn wir dann völlig erschöpft, verschwitzt und lachend auf dem Boden zusammenbrechen, ist so viel Freude und Dankbarkeit zu spüren, die Freude an unseren weiblichen Körpern, die Dankbarkeit dafür, Frauen sein zu dürfen …

STUFE 7: HEILUNG

Wie nimmst du dein Blut wahr? Wie den Schleim deiner Cervix? Sind diese Körperabsonderungen für dich noch immer etwas Fremdes oder gar Ekelerregendes? Oder fühlst du den Stolz darüber, eine gesunde, ganze Frau zu sein mit all ihrer Körperlichkeit? Wenn das weise Blut bereits in dir bleibt, wie nimmst du dieses »Verinnerlichen« wahr? Fehlt dir das Gefühl, alles an Verunreinigungen »hinauszubluten«, oder kannst du es genießen, dass du diese Lebensessenz bereits behalten darfst?

Ich bitte dich – wie immer – diese Fragen nicht nur zu überfliegen, sondern sie dir für die ganze kommende Stufe zum »Heilungsthema« zu machen und immer wieder darüber zu reflektieren!

Das nun folgende Kapitel wirbt zwar dafür, selbstverantwortlich zu handeln, trotzdem bitte ich dich, hier ganz genau hinzusehen, was du 100 %ig selbst beherrschst und was in die Hände eines Arztes gehört. Unterstützend zur ärztlichen Therapie kannst du allerdings mit den kommenden Ratschlägen alles wenigstens begleiten!

Gynäkologie wunderbar natürlich: Selbst ist die Frau!

Gegen gar alle Beschwerden im weiblichen Genitalbereich kann die kalifornische Blütenessenz »Pomegranate« eingesetzt werden. Zusammen mit »Self Heal« erzielt man meist tolle Erfolge. Natürlich sollte in jedem Fall ein Arzt hinzugezogen werden.

Menstruationsbeschwerden

Wenn wir voll und ganz unseren Mondzyklus leben, kennen wir so etwas meist gar nicht. Falls trotzdem:

Beckenbodenübungen: Sind auch bei allen möglichen anderen Frauenleiden angesagt. Sie kräftigen und durchbluten den gesamten Unterleib mit allen inneren Organen.

Ernährung: Möglichst wenig Salz in den letzten Tagen vor der Regel. Viel Vitamin-B-reiche Kost, viel Kalzium (spielt bei der Blutgerinnung eine Rolle).

Karotten (Vitamin A, B, C) helfen, das Blut flüssiger und somit die Mensis weniger schmerzhaft zu machen. Deshalb in der Woche vor ihrem Eintritt jeden Morgen ein Glas Karottensaft.

Wärme: Wärmeflasche und warme Wickel lösen die Krämpfe und beschleunigen den Blutfluss.

Hausmittel:

- Kneipp'scher Heusack: Heublumen in Leinensäckchen und im Dampfbad erwärmen. So warm wie möglich auf den Unterleib legen.
- Kamillensitzbad: Pro Liter eine Handvoll Kamille aufkochen lassen, 10 min ziehen, abseihen und auf 37–40°C abkühlen lassen. 10–20 min sitzen bleiben.
- Alkohol, speziell ein medizinischer Schnaps, wie z. B. Enzian oder Meisterwurz, hilft, die Kontraktionen der Gebärmutter zu hemmen, und wirkt schmerzstillend.

Kräuter in Form von Tees, Extrakten oder zum Essen und Genießen: Silber- und Frauenmantel, Nelkenwurz, Borretsch, Brombeer- und Himbeerblätter, Dost, Gänseblümchen, Minze, Heilziest, Schafgarbe, Hopfen, Weidenröschen, Liebstöckel, Kamille, Majoran, Sellerie, Stinkstorchschnabel, Taubnessel, Kümmel, Linde, Gänsefingerkraut, Melisse u. v. a. m.

Homöopathika: Da für das geeignete homöopathische Mittel die Gesamtkonstitution der Frau mit einbezogen werden muss, sollte man Fachleute aufsuchen.

Gebärmuttersenkung, Gebärmuttervorfall, Inkontinenz

Auch hier hilft Beckenbodengymnastik, speziell zur Vorbeugung ideal!

Wechselbeschwerden

Erfahrungsaustausch: Mit anderen Frauen, vor allem weisen Großmüttern reden, bringt immer viel Positives.

Auch Wechselbeschwerden sollten sich in Grenzen halten, wenn man sich der geistig-psychischen Konsequenzen des Nicht-mehr-Blutens voll und ganz bewusst ist und den neuen Zustand mit Freude begrüßt!

Ernährung: Eiweißreiche Kost, vor allem möglichst viel pflanzliches Eiweiß (achten auf genfreies Soja!), viele Mineralstoffe und Vitamine, Vollwertkost, viel Rohkost.

Heilpflanzen:
In der Apotheke erhältlich sind die Extrakte aus:
- Mönchspfeffer und
- Traubensilberkerze

Selber herstellen kann man diese und folgende Extrakte:
- Roter Klee (Wiesenklee). Er enthält – wie Soja – viele Phytohormone und erspart in den meisten Fällen die Einnahme von chemischen. Als Tee oder Extrakt.
- Melisse: krampflösend, stärkend, Nerven regenerierend, schlaffördernd. Als Tee oder Extrakt.
- Salbei: das Mittel der Wahl gegen heftige Schweißausbrüche. Tee trinken und Waschungen.
- Zypresse: Am besten das ätherische Öl verwenden. Äußere Anwendung für Waschungen und Sitzbäder: Einige Tropfen in zuerst etwas Milch als Emulgator, dann in mehrere Liter Wasser geben. Ebenfalls adstringierend, was bei übermäßigem Schwitzen hilft, aber auch gegen Hämorrhoiden.

- Blutwurz: Ebenfalls stark adstringierend, vor allem aber blutstillend. Wenn die Blutungen extrem stark einsetzen. Als Extrakt oder Tee.
- Brennnessel: Bei zu großem Blutverlust kann Tee getrunken werden, Kaltansatz und Extrakt, um die Blutbildung zu beschleunigen und Eisenmangel vorzubeugen.
- Johanniskraut: Hilft bei allen seelischen Verstimmungen, bei Nervosität und Schlafstörungen. Als Tee, Kapseln, Extrakt.
- Hopfen, Hafer, Passionsblume: Wirken beruhigend und stimmungsaufhellend. Als Tee und Extrakt.
- Himbeere: Gleicht den Hormonhaushalt wieder aus.
- Silber- und Frauenmantel, verschiedene Minzen, Taubnessel … Als Tee oder Extrakte.

Candida

Bei häufigen Candida-Infektionen sollte das eigene Sexualleben überdacht werden. Was stimmt nicht? Was kann ich ändern? Wie kann ich mit meinem Partner drüber reden? …

Hausmittel, Kräuter, natürliche Mittel aus der Apotheke:

- Joghurt: Die im unpasteurisierten Joghurt enthaltenen Milchsäurebakterien stellen wieder das richtige saure Scheidenmilieu her und schädigende Bakterien und Sporen können sich nicht festsetzen. Am besten mit einem Klistier einspritzen. Auf der gleichen Ebene hilft auch:
- Essigwasser: Sitzbäder.
- Döderlein-Bakterien: Sie sind die körpereigenen Bakterien der Scheidenflora und durch ihre Zufuhr kommt es wieder zum richtigen sauren Milieu. In der Apotheke zu finden!

- Teebaumöl: Anfänglich einige Tropfen in Milch emulgieren, Tampon damit tränken und einführen. Später kann man das pure Teebaumöl auf den Tampon tropfen.
  Achtung: Teebaumöl ist eines der wenigen ätherischen Öle, die wirklich »schlecht werden«. Deshalb unbedingt auf das Ablaufdatum schauen bzw. das frisch gekaufte Öl dann nur bis zu maximal einem Monat verwenden, dann entsorgen! Verdorbenes Teebaumöl riecht nicht anders als frisches, zumindest konnte meine Nase keinen Unterschied entdecken, aber es kann schwere Allergien hervorrufen!

Herpes genitalis

Ist eine Viruserkrankung und kann, wenn man einmal davon befallen ist (wie bei labialis), nur durch ein gesundes Immunsystem (z. B. Echinacea, Blütenpollen, Propolis, viele Wildkräuter essen ...) und eine Lebensweise im Gleichgewicht gelindert werden.

Bei Befall kann die Entwicklung der Bläschen und der Schmerzen durch eine Salbe mit Melissenextrakt, der Bachblüte »Crab Apple« und den kalifornischen Essenzen »Pomegranate« und »Self Heal« minimiert werden.

Feigwarzen

Auch sie werden durch einen Virus hervorgerufen und durch Geschlechtsverkehr übertragen.

Condylome sind nicht ungefährlich und gehören zumindest unter ärztliche Kontrolle. Allerdings sollte man neben den üblichen Methoden wie Vereisen, Ausschneiden, Auftragen einer zytostatischen Salbe usw. unbedingt folgende Methode versuchen: Sorgfältiges Auftragen der folgenden Tinktur auf jede einzelne Warze (je weniger bereits vorhanden, desto besser!):

Warzentinktur:
- In 70 %igem Alkohol werden Schöllkraut und Thuja angesetzt.

Beigemengt werden nach Fertigstellen des Extraktes noch:
- Ätherisches Thujenöl
- Propolisextrakt
- Crab Apple
- Self Heal
- Auf ca. 10 ml Extrakt kommen ca. 5 ml Thujenöl, 3 ml Propolis, 20 Tropfen Crab Apple und 20 Tropfen Self Heal.
- Vor Gebrauch gut schütteln!

P.S.: Diese Tinktur hilft auch gut gegen alle anderen Arten von Warzenviren! ***Und natürlich wieder:*** Bei allem, was man loswerden will, wie eben Warzen, Herpes usw., unbedingt auf den Mond achten. Alle Anwendungen nur bei abnehmendem Mond, von Neu- bis Vollmond aussetzen und erst danach wieder mit der Behandlung beginnen!

Entzündungen der Unterleibsorgane

Kräuter: Vor allem Silber- und Frauenmantel, aber auch Ringelblume, Schafgarbe und alle entzündungshemmenden Kräuter. Aus ihnen werden Tees und Extrakte hergestellt.

Sitzbäder: Mit Moor und Frauenkräutern.

Blütenessenzen: Pomegranate, Self Heal.

Unfruchtbarkeit

Balneotherapie: Vor allem Moorbäder erweisen sich immer wieder als die Fruchtbarkeit steigernd.

Heilkräuter:
- Brennnesselsamen: Enthalten östrogenähnliche Phytohormone.
- Mönchspfeffer: Reguliert den Zyklus und bringt das gesamte Hormonsystem wieder ins Gleichgewicht, was eine Voraussetzung für's Schwangerwerden ist.
- Frauenmantel und Silbermantel
- Johanniskraut
- Stinkstorchschnabel, wird auch Nestbereiter genannt.

Vitamin E: ***Das*** Fruchtbarkeitsvitamin
Meditation, Yoga und Bauchtanz
Hirschfell übers Bett hängen und roten Jaspis unters Bett.

Probleme in der Schwangerschaft

Vorbeugend: Viel Bewegung in der frischen Luft und Sonne, viel Lustiges erleben, sich mit schönen Dingen umgeben. Ernährung vielseitig, leicht, vitamin-, spurenelemente- und mineralstoffreich.

Schwangerschaftserbrechen

- 1 Tropfen Pfefferminzöl in ein Glas lauwarmes Wasser. Ganz langsam und schluckweise trinken.
- Auch lauwarmer Pfefferminztee (ohne Zucker oder Honig!) hilft.

Sodbrennen

- Speisesoda in lauwarmem Wasser aufgelöst trinken
- Säurebildende Speisen und Getränke meiden
- Auf Trennkost umstellen, um einer Übersäuerung des gesamten Körpers entgegenzuwirken

Rückenschmerzen

- Schwangerschaftsgymnastik
- Leichte Yogaübungen
- Massage
- Tanz

Schwere geschwollene Beine

- Lymphdrainagen
- Fußbäder mit Rosmarin, Pfefferminze, Thymian, Wacholder …
- Wickel mit kühlenden, abschwellenden Kräutern: Vogelmiere, Brennnessel, Zinnkraut, Aufguss machen, Tee abkühlen lassen (die Wickel sollen aber noch lauwarm sein), Tücher eintauchen, auswringen und um die Unterschenkel wickeln. Füße hochlagern, währenddessen ein gutes Buch lesen, schöne Musik horchen …
- Allgemein Füße hochlagern
- Viel auf Waldboden spazieren gehen

Heilkräuter: Frauenmantel, Stinkstorchschnabel, Taubnessel, Himbeerblätter …

Vorbeugung gegen Krebs

Ernährung:

- Alles in Maßen genießen.
- Möglichst verzichten auf: Gepökeltes, Gegrilltes, Geräuchertes, Weißmehl, Zucker
- Empfehlenswert: mageres Fleisch, Milch- und milchsäurehaltige Produkte, Rohkost, alle Kohlgewächse, viel Wasser trinken

Geistige Haltung:

- Offen sein für alles Neue
- Kontakte schließen und pflegen (nicht nur zu dieser Welt!)
- Lebensfroh sein und lange Phasen des Trübsinns möglichst meiden (Therapie, viel Bewegung in frischer Luft und Tageslicht …)
- Bitterkeit und Hass fördern jegliche Krankheit!

Hier noch eine alphabetisch geordnete Zusammenfassung der Kräuter für die Frauenheilkunde

Acker-Vergissmeinnicht
Myosotis arvensis. Boraginaceae
- zu starke Mensis

Alpenfrauenmantel /Silbermantel
Alchemilla alpina. Rosaceae
- Geburtshilfe, Krämpfe, Wechsel, blutstillend

Bach-Nelkenwurz
Geum rivale. Rosaceae
- Innere Blutungen, Mensis regulierend

Baldrian
Valeriana off. Valerianaceae
- Geburtshilfe

Borretsch oder Gurkenkraut
Borago off. Boraginaceae
- antidepressiv, Nerven heilend

Brombeere
Rubus fruticosus. Rosaceae
Blätter:
- Frauenleiden verschiedenster Art

Brunnenkresse
Nasturtium off. Brassicaceae
- Geburtshilfe (nicht zu viel für Schwangere, da eventuell wehenauslösend)
- schwache Mensis

Dost
Origanum vulgare. Lamiaceae
- Frauenleiden
- Nerven heilend

Echte/Garten-Katzenminze
Nepeta cataria. Lamiaceae
- Schlaf, Nerven
- Krämpfe

Echte Kamille
Chamomilla recutita. Asteraceae
- Frauenleiden
- Krämpfe

Eisenkraut
Verbena off. Verbenaceae
- Geburtshilfe
- Schlaf, Nerven

Faulbaum
Frangula alnus. Rhamnaceae
- Frauentee, Geburtshilfe
- Nerven, Schlaflosigkeit

Frühlings-Küchenschelle

Pulsatilla vulgaris. Ranunculaceae

- Homöopathikum: Frauen- und Konstitutionsmittel
- Tee: Blutarmut, zu schwache Mensis

Gänseblümchen

Bellis perennis. Asteraceae

- Frauenleiden

Gänsefingerkraut/Krampfkraut

Potentilla anserina. Rosaceae

- hilft gegen alle Krampfarten
- ausgleichend auf Mensis

Gemeiner Frauenmantel

Alchemilla vulg. Rosaceae

- Geburtshilfe
- Krämpfe

Goldnessel

Galeobdolon luteum. Lamiaceae

- zu schwache Mensis
- Wechsel
- schlafördernd

Großblütige Königskerze

Verbascum densiflorum. Scrophulariaceae

- Geburtshilfe
- Venenpflege

Großer Wiesenknopf

Sanguisorba off. Rosaceae

- Geburtshilfe
- innere Blutungen, zu starke Mensis – adstringierend
- Venenpflege

Grüne Minze

Mentha spicata. Lamiaceae

- krampflösend
- beruhigend, aufhellend, Nerven, Schlaf
- innere Blutungen, zu starke Mensis
- Wechsel

Heidewacholder

Juniperus communis. Cupressaceae

- Geburtshilfe

Heilziest

Betonica off. Lamiaceae

- Nerven
- Krämpfe

Himbeere

Rubus idaeus. Rosaceae

- Hormone im Wechsel
- Geburtshilfe
- Mensis anregend

Hopfen
Humulus lupulus. Cannabaceae
- Krämpfe
- Schlaf
- Frauenleiden

Kanadisches Berufkraut
Conyza canadensis. Asteraceae
- Blut stillend, zu starke Mensis

Kleinblütige Königskerze
Verbascum thapsus. Scrophulariaceae
- Venenpflege
- Geburtshilfe

Kleinblütiges Weidenröschen
Epilobium parviflorum. Oenotheraceae
- Frauenleiden

Liebstöckel
Levisticum off. Apiaceae
- Frauenorgane

Mutterkraut
Tanacetum parthenium. Asteraceae
- krampflösend: Gebärmutter
- alle Frauenleiden

Nelkenwurz
Geum urbanum. Rosaceae
- innere Blutungen
- Frauentee

Rosskastanie
Aesculus hippocastanum. Sapindaceae
- Rinde: zu starke Mensis, innere Blutungen
- Blüten: Venenpflege
- Früchte: Venenpflege (in Alkohol innerlich bzw. als Salbengrundlage auch äußerlich anzuwenden)

Rosmarin
Rosmarinus off. Lamiaceae
- Mensis fördernd

Römische Kamille
Chamaemelum nobile. Asteraceae
- Krämpfe
- zu schwache Mensis

Saat-Lein/Flachs
Linum usitatissimum. Linaceae
- Leinsamen zum Tee: Geburtshilfe

Schafgarbe
Achillea millefolium. Asteraceae
- krampflösend
- Nerven

Schlehdorn
Prunus spinosa. Rosaceae
- Blüten: blähungstreibend, krampflösend
- Früchte: zu starke Mensis, innere Blutungen

Seifenkraut
Saponaria off. Caryophyllaceae
- Wurzel: zu schwache Mensis

Sellerie
Apium graveolens. Apiaceae
- Samen: Frauentee, blutstillend

Spitzwegerich
Plantago lanceolata. Plantaginaceae
- Frauenleiden

Stinkstorchschnabel oder Rupertskraut
Geranium robertianum. Geraniaceae
- Fruchtbarkeit fördernd
- ausgleichend auf Mensis
- Nerven

Stumpfblättriger Ampfer
Rumex obtusifolius. Polygonaceae
- Frauenleiden

Waldziest
Stachys sylvatica. Lamiaceae
- Mensis fördernd

Wasserdost/Wasserhanf
Eupatorium cannabinum. Asteraceae
- Frauentee

Weiße Taubnessel
Lamium album. Lamiaceae
- entkrampfend
- innere Blutungen
- ausgleichend für die Mensis
- Wechsel
- beruhigend, schlaffördernd

Wiesenklee/Rotklee
Trifolium pratense. Fabaceae
- Phytohormone

Wiesenkümmel
Carum carvi. Apiaceae
- Krämpfe
- Schlaflosigkeit

Winterlinde
Tilia cordata. Tiliaceae
- Drüsen
- Krämpfe
- Schlaf, Nerven

STUFE 7: MAGIE

Kräuter haben häufig nicht nur heilsame Inhaltsstoffe, sondern sie können auch als magische Helfer eingesetzt werden. Ich erzähle in meinen Seminaren an dieser Stelle immer die Geschichte von Findhorn: ein karges Stück Fels und Sand in Schottland, windumtost und unfruchtbar. Hier haben sich Leute niedergelassen, Spinner in den Augen der Einheimischen, hinter deren Rücken man lachte, die es sich zum Ziel gesetzt hatten, ihre Gemeinschaft aus dem Ertrag des Selbstangebauten zu ernähren. Man wollte aber nicht mit den üblichen Methoden arbeiten (was auch gar nichts gebracht hätte, glaubt man den Einheimischen, die das Jahrhunderte lang versucht hatten und doch nur ein sehr ärmliches Leben damit fristen konnten): kein Dünger, keine großen landwirtschaftlichen Maschinen, keine Pestizide … Nur die Zusammenarbeit mit den Pflanzengeistern suchte man und siehe da: Es gedieh ein kleines Paradies, das jetzt bereits seit einigen Jahrzehnten besteht und noch immer erfolgreich wirtschaftet … Prinz Charles soll von Findhorn so beeindruckt gewesen sein, dass er seit seinem Besuch dort in seinen königlichen Gärten nur mehr biologischen Anbau pflegt!

Die Moral von der Geschicht: Pflanzen haben Seelen und – wie ich bereits erwähnt habe – schon Paracelsus war der Meinung, dass es ihrer aktiven Mithilfe bedürfe, damit Heilung geschehen kann. Die Herbalmagie geht davon aus, dass man die Pflanzengeister, die Devas, als Verbündete gewinnen kann und mit ihrer Hilfe Zauber wirken.
Dafür gibt es verschiedene Methoden:
Man kann in den besagten Kräutern baden, ihre Essenzen auf die Chakren auftragen, sie trinken, essen, in jeder nur erdenklichen Form einverleiben.
Was ich selbst allerdings am liebsten mache: Ich fertige mir – wenn ich Unterstützung aus dem Pflanzenreich suche – ein Amulett an. Ich nehme eine Prise der jeweiligen Kräuter, die die von mir gewünschte spezielle magische Wirkung haben, binde sie in einen kleinen Stoff- oder Lederbeutel und trage sie dann um den Hals (am besten, das Band hat die richtige Länge, dass die Kräuter genau auf deinem Solarplexus ruhen, möglichst auf bloßer Haut).

Hier eine Auswahl der wichtigsten magischen Kräuter und ihrer Wirkungen (ich habe auch die phytotherapeutischen erwähnt). Auch hier gilt: Du kannst dich gerne am Anfang dieses Verzeichnisses bedienen, es ist hilfreich. Später allerdings solltest du selber durch viel Übung imstande sein, mit Hilfe der Verbindung zu Mutter Erde die jeweiligen Kräfte von Pflanzen zu erspüren!

Einige Kräuter mit vor allem magischem Schwerpunkt

(und vielen anderen Wirkungen!)

Baldrian:

Von seiner Wurzel wissen wir um vielfältige Heilwirkungen auf Körper, Geist und Gemüt: Sie ist Nerven beruhigend, Schlaf fördernd, wirkt gegen Lampenfieber und Prüfungsängste, gegen Lähmungen und übersäuerten Magen, verbessert die Werte von Schild- und Bauchspeicheldrüse.

Im Garten kräftigt der Blütenansatz die Pflanzen, bewirkt sogar einen leichten Frostschutz.

Im feinstofflichen Bereich wirkt Baldrian – sowohl seine Wurzel als auch die Blüte – als Schutzpflanze. Gleich, ob man getrocknete Pflanzenteile in einem Amulett bei sich trägt oder räuchert.

Dost:

Seine Wirkungen auf den Körper: vor allem ein Frauenheilmittel, Nerven beruhigend und stärkend, die Leber und den Stoffwechsel anregend.

Im magischen Bereich begegnete ich dem Dost zu einer Zeit, als dieses Mal mein jüngerer Sohn unter schlimmen Albträumen litt. Ich las in einem Buch von seiner Wirkung gegen Spuk und Alb und trocknete sofort ganze Büschel von ihm und hängte sie über Samuels Bett. Er schlief von diesem Augenblick an ruhig und traumlos.

Eisenkraut:

Durch seine Bitterstoffe wirkt das Eisenkraut kräftigend und stärkend auf den gesamten Organismus, vor allem aber auf Leber, auf Nieren und Blase als Harnsäurelöser und somit gegen Steinleiden.

Seine schweißtreibenden Eigenschaften setzt man gegen Erkältung und Grippe ein.

Auch das Eisenkraut ist eine Schlaf fördernde und Nerven stärkende Heilpflanze.

Seinen Namen hat das Kraut im Mittelalter bekommen: Man war der Meinung, dass es unverwundbar macht, deshalb legte man es unter die eisernen Rüstungen. Es ist eine römische, keltische und germanische Zauberpflanze und eines der bekanntesten Schutz- und Sympathiemittel.

Engelwurz:

Ihre Wurzel hilft sowohl gegen Appetitlosigkeit und Blutarmut als auch gegen Blähungen, Erkältung, Grippe, Magen- und Darmgeschwüre.

Zudem ist sie – wie der Name schon sagt – vor allem aber rein von der majestätischen, lichtvollen Erscheinung her, wohl die heiligste weißmagische Pflanze. Sie ist Schutz- und Sympathiemittel und stärkt die Schutzengel bzw. Lichtwesenheiten. Sie wächst an guten, gesundheitsfördernden Plätzen.

Kriechendes Fingerkraut:

Es ist eines der ärgerlichsten Gartenunkräuter, nicht auszurotten und alles überwuchernd. Zudem hat es kaum physiologische Wirkung. In der Magie ist es aber wichtig: Es ist ***das*** Harmonisierungsmittel von Rezepten und bringt Glück vor

Gericht und in der Ehe und fördert den Wohlstand. Also immer etwas davon wachsen lassen!

Himbeerblätter:

Sie gehören in jeden Haustee. Sie wirken Blut reinigend, schweißtreibend, Nieren pflegend und sind auch ein richtiges Allround-Frauenmittel (hormanausgleichend im Wechsel, gute Geburtshilfepflanze, Mensis anregend).

Im feinstofflichen Bereich stärken Himbeerblätter die Traumerinnerung.

Holunderblüte:

Die Holunderblüte ist das wichtigste Inhalationsmittel bei Stirn- und Nebenhöhlenproblematik.

Energetisch wirkt sie vor allem, wenn man sich schwach und unlustig fühlt, sie stärkt nämlich die Aura.

Johanniskraut:

Wir wissen, dass das Johanniskraut ein sehr wirkungsvolles pflanzliches Antidepressivum ist. Es hellt die Stimmung auf, stärkt die Nerven und besänftigt das Gemüt, ist hilfreich als Einreibung bei Neuralgien und Nervenentzündungen. Das Öl wirkt wunderbar gegen Verbrennungen aller Art (Achtung: Vom Johanniskraut steigt die Lichtempfindlichkeit, auch von Tee, Extrakt oder Kapseln!)

Im feinstofflichen Bereich wird es nicht umsonst »Fuga daemonum« genannt. Es bietet nämlich Schutz gegen alles Negative und wächst auf guten, segensreichen Plätzen.

Zusammen mit Oregano in Wein gekocht, soll es von aussichtsloser Liebe heilen.

Echtes Labkraut:

Es wurde und wird nicht nur zur Käseherstellung verwendet, sondern wirkt auch als Heilkraut auf Leber, Galle, Nieren und Schilddrüse, außerdem schweißtreibend und Blut reinigend.

Das Labkraut wächst auf edlen, glückbringenden Plätzen. Es wird besonders für Frauen und Kinder als Schutzmittel verwendet. Der Name »Unserer lieben Frau Bettstroh« weist darauf hin und unsere germanischen Vorfahren weihten das Labkraut der Göttin Freya. Der wunderbare Duft prädestiniert das Labkraut als Räuchermittel und als solches wirkt es vor allem stimmungsaufhellend.

Lorbeer:

Der Lorbeer ist nicht nur ein beliebtes Küchenwürzkraut, das die Verdauung anregt. Wir wissen auch von der Vorliebe der Cäsaren für Kränze aus dieser Pflanze. Und das kommt nicht von ungefähr, stärkt doch der Lorbeer die Intuition und verleiht Erfolg und Macht.

Olive:

Seit Jahren sind auch Mittel- und Nordeuropäern die vielfältigen Wirkungen der Oliven auf den Organismus bekannt. In Form von wertvollen, kalt gepressten Ölen nehmen wir Cholesterinschutz und Herzstärkung zu uns.

Aber auch das Bild der Friedenstaube mit ihrem Olivenzweig hat sich uns eingeprägt: Die Olive bringt Frieden und Harmonie. Sie hilft beim Schlichten von Streit und Auseinandersetzungen.

Rose:

Wer kennt bzw. genießt nicht machmal einen kräftigen Hagebuttentee? Die Früchte der Rose wirken durch ihren Vitamin-C-Gehalt immunstärkend auf den Organismus und durch die nierenwirksamen Begleitstoffe nicht nur gegen Nieren-, sondern auch gegen Herzleiden.

Die Blüten sind nervenheilend und gehören für mich in jeden Haustee, weil sie auch noch wundervoll schmecken.

Außerdem ist die Rose ein wichtiges Sympathiemittel. Es hebt die erotische Ausstrahlung von Frauen hervor.

Salbei:

Die verschiedenen Salbeiarten wirken fast alle desinfizierend und adstringierend auf die Haut, Schleimhaut, Mund, Rachen und Zahnfleisch. Seine schweißhemmende Wirkung (sowohl durch innerliche als auch äußerliche Anwendung) ist grandios.

Auch im feinstofflichen Bereich ist Salbei ein starkes Reinigungskraut. Alle Arten von Salbei vertreiben Negativität und Schmutz auf allen Ebenen.

Salomonssiegel:

Die Wurzel heilt (sowohl als alkoholischer Ansatz als auch als Öl oder Salbe) Bänder und Sehnen.

Auch diese Pflanze ist ein Schutzmittel gegen das Böse. Sie bringt Glück und Wohlstand und wird für die Schatzsuche verwendet. Sie stärkt die Traumerinnerung und wächst an lichten Waldrändern, wo man Elfen beobachten kann.

Tabak:

Wie Tabak auf den Körper wirkt, ist spätestens, seit unsere Gesundheitsministerien so sehr vor ihm warnen, hinlänglich bekannt. Dass er aber auch im feinstofflichen Bereich große Gefahren birgt, vielleicht weniger. Bei den Ureinwohnern Nordamerikas wurde der Tabak ursprünglich nur rituell verwendet, er eignet sich nämlich, um mit Räucherungen die Verbindung zu Astralwesenheiten herzustellen. Bei uns ist der Tabak allerdings eine kulturfremde Droge und wurde von Anfang an missbraucht. Durch den permanenten Gebrauch öffnen sich Kanäle für Dämonen und andere dunkle Wesenheiten, die Aura wird zu durchlässig, es kann zur Deformation der gesamten Persönlichkeit kommen.

Wacholder:

Als Küchen- und Heilkraut als nierenanregend, wassertreibend bekannt, blutreinigend, kräftigend, Appetit anregend, Verdauung fördernd, gegen niedrigen Blutdruck und Kreislaufbeschwerden.

In manchen Gegenden werden die Beeren auch als magenstärkende und antirheumatische Kur angewendet. An- und absteigend parallel zum Mondzyklus werden, bei Neumond beginnend, jeweils eine Beere mehr bzw. ab Vollmond eine weniger gegessen.

Auch ist der Wacholder von den Alpen bis zu den Karpaten und dem Balkan ein bekanntes Räuchermittel, das schützen und reinigen soll. Wacholder rund ums Haus sollte niemals vernichtet werden, denn er ist der Sitz freundlicher Naturgeister.

Waldmeister:

Nicht nur die Bowle ist bekannt, sondern auch die Herz stärkenden Eigenschaften des Waldmeisters.

Ich liebe vor allem aber den Duft dieses Krautes als Räucherung. Es hilft bei energetischen und partnerschaftlichen Problemen und stärkt die Aura.

Wermut:

Wermut ist kräftigend, Appetit anregend und fördert die Verdauung. Außerdem wirkt er antidämonisch und schützt kleine Kinder.

Einteilung der Mittel nach Themen

Stärkung der Intuition:

Zum Wahrsagen:

- Beifuß
- Lorbeer
- Schachtelhalm

Traumerinnerung:

- Himbeerblätter

Stärkung der Wahrnehmung/Schatzsuche:

- Salomonssiegel, Eisenkraut

Schutzmittel:

Gegen böse weibliche Wesenheiten, Alb, Spuk:

- Baldrian
- Dost
- Engelwurz
- Salomonssiegel

Gegen Magie, Blitz und Hagel:

- Beifuß
- Eisenkraut
- Holunderblüte
- Johanniskraut

Schutz in einsamen Gegenden/vor Dämonen:

- Wacholder
- Hasel (im Garten oder vor dem Haus)

Gegen Krankheiten:

- Gundelrebe

Gegen das Böse:

- Fingerkraut

Schutz für Kinder/Frauen:

- Wermut
- Labkraut

Sympathiemittel:

Liebeszauber/Freundschaft:

- Beifuß (auch als Gürtel getragen)
- Eisenkraut
- Engelwurz
- Rose
- Baldrianblüte
- Gänseblümchen

Erfolg in der Ehe:

- Fingerkraut

Für Erfolg und Macht:

- Lorbeer
- Dost

Für Wohlstand:

- Salomonssiegel
- Fingerkraut

Vor Gericht, bei diplomatischen Missionen, bei Prüfungen, zur Stärkung des Willens:

- Eisenkraut
- Fingerkraut

Energetische Stärkung, Stärkung der Aura, des Immunsystems

Durchsetzung:

- Dost
- Waldmeister
- Gundermann
- Eisenkraut
- Engelwurz
- Holunderblüte

STUFE 7: KREATIVITÄT

Im folgenden Kapitel verflechten sich nun endgültig alle drei Stränge zu einem festen Zopf. Die heilsamen Inhaltsstoffe der im wahrsten Sinne ***Lebens****mittel werden auf höchst kreative Art zu wundervollen Speisen verarbeitet und verzaubern uns dann auch noch mit ihren unglaublichen Energien.*

Zaubersuppe, Liebestrank und Orakelkekse

Die magischen Kräfte der Pflanzen kann man auch sehr genussvoll verinnerlichen: Indem man sie möglichst selbst sammelt und aus ihnen wunderbares Essen zubereitet.

Kraftvolle Zutaten für verschiedenste Hexenspeisen

Kohlehydrate:

Weizen ist bei Frauen, die sich bewusst ernähren, nicht mehr sonderlich beliebt, denn inzwischen ist zu allen durchgedrungen, dass er meist in riesigen Monokulturen angebaut wird und Körper, Geist und Seele nicht mit allzuviel an Nährstoffen (und vor allem in Form von weißem Mehl nicht einmal Ballaststoffen) versorgt.

Eine gute Alternative zum Weizen ist der *Dinkel.* Als eine der Urgetreide-Arten hat er bis in unsere Zeiten überlebt, er lässt sich weder genetisch verändern, noch mag er Kunstdünger oder chemische Spritzmittel (braucht er auch nicht, denn er ist viel resistenter gegen Krankheiten als der Weizen). Seine Inhaltsstoffe sind fast legendär: Phosphor, Kalium, Magnesium und viel Vitamin E und B. Als Alternative bei Weizenunverträglichkeit (Zöliakie) ist er letzten Endes zu einer neuen Renaissance gelangt.

Im feinstofflichen Bereich verleiht Dinkel heitere Gelassenheit und ein noch tiefere Verbindung zu Mutter Erde.

Gerste: Früher war sie das »Armeleute-Getreide«, denn sie ist sehr genügsam und wächst auch auf mageren Böden in großen Höhen, wo sonst kaum etwas gedeiht. Sie ist eine der ältesten Kulturpflanzen der Welt. In unserer Zeit sind es vor allem die Cholesterin senkenden Ballaststoffe, die sie wichtig für den Körper machen. Somit wirkt sie sowohl gegen Verstopfung und leichte Magenbeschwerden als auch gegen Herzerkrankungen und Krebs.

Magisch interessant macht die Gerste ihre Fähigkeit, als Kommunikationsmittel mit der »Nichtalltäglichen Wirklichkeit« zu dienen und als Öffnerin von verschlossenen oder vergessenen Kanälen. Seit jeher diente die Gerste als Orakelmedium: Wenn man sie wirft, ermittelt man die Zahl der übrig gebliebenen Körner oder man beobachtet, in welcher Form die Gerste keimt …

Hirse: Auch sie ist sowohl Heilerin als auch okkultes Werkzeug. Sie gibt dem Körper eine Menge Kieselsäure und ist das mineralstoffreichste Getreide überhaupt. Ähnlich der Gerste macht sie sehend und hörend und wenn man nachliest, in wie vielen Märchen die Hirse eine Rolle spielt, dann kann man sich vorstellen, wie vielfältig ihre Wirkungen im magischen Bereich sind! Schön finde ich auch den Hinweis von Luisa Francia, dass der Hausdrache und alle guten Hausgeister mit Hirsebrei gefüttert wurden und meiner Meinung nach wieder werden sollten.

Hafer: Nicht nur bei Pferden beliebt, weil es ein Kraftfutter sondergleichen ist, sondern auch für die Nerven und Muskeln der Menschen stärkend und aufbauend wirkend. Hafer, in jeder erdenklichen Form genossen, gibt auf allen Ebenen Kraft. Bekanntes Nerven-Therapeutikum sind die »Avena-Tropfen«.

Achtung: Eine gute Freundin, die an allgemeiner Nervenschwäche litt und der ich eben diesen Haferextrakt verabreicht hatte, beschwerte sich schon nach kurzer Zeit, sie könnte ewig lang nicht einschlafen. Ich fand heraus, dass sie die Tropfen (die sie über den Tag verteilt nehmen sollte) alle kurz vor dem Zubettgehen schluckte. Der Spruch »Den sticht der Hafer« hat also sehr wohl etwas für sich: Vor allem am Abend kann Hafer anregend wirken! Deshalb: Spätestens am Nachmittag die letzte Dosis einnehmen!

Auch gegen chronisch entzündliche Darmerkrankungen hilft Hafer (vor allem die leicht verdauliche Form der Flocken).

Auf der feinstofflichen Seite können wir von der Signatur (das äußere Erscheinungsbild, das Auskunft über innere Qualitäten gibt) des Hafers lernen: Wir bemerken gleich die Geschmeidigkeit der Pflanze im Gegensatz zu anderen Getreidearten: Sie neigt sich anmutig im Wind, ist grazil und flexibel.

Diese Anpassungsfähigkeit kann uns lehren, wieder mehr im Rhythmus der Natur zu leben.

Reis: Wie wohl kein anderes Nahrungsmittel sonst ernährt der Reis ganze Völker und sogar Erdteile. Er ist reich an Spurenelementen, Vitaminen, Mineralstoffen.

In ganz besonderer Weise lehrt uns der Reis das Einssein mit den Elementen: Ohne die Ausgewogenheit zwischen Wasser, Erde, Luft und Feuer könnte Reis nicht leben.

Kartoffeln: Eines der ganz großen Geschenke, die wir von den Ureinwohnern Amerikas bekommen haben. Als stark basisches Lebensmittel hilft die Kartoffel, in fast jeder erdenklichen Form genossen, gegen Magenübersäuerung, besonders aber, wenn man sie eine halbe Stunde vor den Mahlzeiten roh fein reibt, auspresst und vom Saft zwei Esslöffel einnimmt. Dieses alte Hausmittel hat schon manche Gastritis ausgeheilt.

Als Wurzel verbindet die Kartoffel uns mit den Wesenheiten der Erde, mit der Mutter Erde selbst. Sie festigt und stabilisiert wie kaum eine andere Wurzel.

Obst, Gemüse, Beeren, sonstige magische Zutaten:

Feigen: Sie sind in allen Kulturen die Früchte der Göttin, zumindest aber etwas zutiefst Weibliches, denn sie symbolisieren die Vagina.

Auch *Granatäpfel* werden dem Weiblichen schlechthin zugeordnet (siehe die kalifornische Blütenessenz Pomegranate, die für alle Leiden der weiblichen Organe eingesetzt wird), sie stehen für die Brüste.

Der *Apfel* bzw. die *Birne* hat ebenso einen engen Bezug zu den Frauen, in den meisten Kulturen werden sie mit der Gebärmutter in Verbindung gebracht.

Linsen, Erbsen, Bohnen:

Alle Hülsenfrüchte sind Kraftnahrung, aber nicht nur für den Körper: Sie wecken das alte Wissen, das oft noch tief vergraben in unseren Körperzellen schlummert. Wie in manchen Märchen – gleich, ob ins Kröpfchen oder als Leiter auf den Regenbogen – als Zauberorakel sind Hülsenfrüchte immer gut geeignet …

Wurzeln und Pilze:

Sie nähren uns Menschen mit dem Wissen der Unterwelt (wo Zwerge und Kobolde hausen) und dem Wissen der Mutter Erde. Sie erden uns, wenn wir zu viel »abheben«.

In der Magie haben Wurzeln – ähnlich wie die Pilze – die Aufgabe, unsere Füße auf dem Boden zu halten, damit unser Geist fliegen kann.

Sprossen:

Sie sind nicht nur körperlich Kraftnahrung. Geistig schenken die Sprossen uns die Macht, Neues entstehen zu lassen, kreativ zu sein, die Phantasie bunte Blüten treiben zu lassen, sie sind also sozusagen das Pendant zu den Wurzeln …

Holunder (siehe oben auch die Blüte):

Im Holunder residiert die Percht: Sie ist eine der Göttinnen der Unterwelt, der Dunkelheit. Sie nimmt es sehr übel, wenn man ihren Wohnsitz umschneidet, umgekehrt schenkt sie aber durch den Genuss ihrer Beeren (Achtung, nur gekocht, da die rohen Beeren Brechreiz erregende Alkaloide beinhalten!) geheimes verborgenes Wissen und rein durch ihre Anwesenheit großen Schutz.

Waldbeeren:

Sie sind die Speise der Naturgeister, dienen aber auch den Schamanen als vorbereitende reinigende Speise, um mit Pflanzenwesen in Verbindung zu treten.

Haselnuss und Walnuss:

Zauberstäbe werden vorwiegend aus Haselnussholz gefertigt. Im Frühling schnitzte uns unser Großvater noch die Maipfeifen, mit deren Hilfe Fruchtbarkeit und Wachstum gerufen wurden (Was wir Kinder allerdings nicht wussten!). Auch Haseln und Walnüsse im Garten sollten nie umgehackt werden, da in ihnen menschenfreundliche Geister wohnen, die den Bewohnern des Hauses Schutz bieten.

Honig:

Er beinhaltet die Energie der Bienen und passt energetisch deshalb sehr gut zu allen Blütenpflanzen.

In manchen alten Kulturen war und ist der Honig der Hüter der Schwelle, der hilft, in den neuen Zustand überzugehen (z. B., indem bei diversen Initiationsriten die Lippen mit Honig benetzt werden).

Gewürze und Kräuter:

Vanille: Ihr Duft hüllt ein, wärmt, besänftigt und wirkt gegen Depressionen. Vanille schenkt Zärtlichkeit, Sinnlichkeit und Kreativität.

Safran: Echter Safran macht weitherzig, großzügig und liebesfähig.

Pfeffer: Seine Schärfe wirkt gegen Frigidität und Impotenz. Er ist stark durchblutend und anregend.

Liebstöckel: Für Männer ein Aphrodisiakum, für Frauen heilsam für die Unterleibsorgane. In jedem Fall aber gut für geistige und seelische Entspannung und zur Anregung der Träume.

Kardamom: Für mehr Selbstwertgefühl und Selbstliebe.

Kalmus: Die starken Bitterstoffe wirken aufbauend und regen die Verdauungsdrüsen an. Feinstofflich wirkt Kalmus gegen Süchte und Abhängigkeiten, gegen psychische Verkrampfung, gegen Neid, Eifersucht und Verlustängste.

Gewürznelke: Desinfizierend, entzündungshemmend und schmerzstillend – deshalb ein uraltes Mittel gegen Zahnschmerzen. Energetisch zu empfehlen bei Schüchternheit und Menschenscheu.

Chili: Ähnlich wie Pfeffer einzusetzen gegen Hemmungen und sexuelle Ängste.

Dill: Hildegard von Bingen war der Meinung, dass Dill traurig macht. Ich kann das für mich persönlich nicht bestätigen, ich habe bei mir selbst und anderen eher die Erfahrung gemacht, dass Dill beruhigend und besänftigend wirkt, so legt man z. B. auch in Nordeuropa frisches Dillkraut gegen Schlafstörungen unter den Kopf.

Akelei: Diese wunderschöne Blume wurde Freya, der germanischen Fruchtbarkeits- und Liebesgöttin, geweiht und soll selbst fruchtbar und liebesfähig machen.

Trüffel: Dieser Pilz bietet nicht nur auf körperlicher Ebene ein außergewöhnliches Geschmackserlebnis. Er steigert auch die Wahrnehmung, die Gefühle und Empfindungen und ist ein intensives Aphrodisiakum.

Senf: Er regt mit seiner Schärfe die Lebensenergie an, schützt vor negativen Gedanken und Pessimismus, erhitzt und durchblutet.

Noch stärkere Energien für Suppen und Tränke kann man durch *Steinwasser* gewinnen: Kristalle, Halbedelsteine oder besonders gefärbte oder geformte Kiesel (je nach gewünschter Schwingung) werden in Wasser eingelegt und mindestens drei Stunden drin belassen. Das Wasser ist dann sowohl als Trinkwasser als auch zum Kochen von ganz eigener, kraftvoller Qualität.

Liebe Leserin!

Eigentlich sind wir jetzt am Ende angelangt. Aber mir liegt eine Sache noch am Herzen, die ich am ehesten dem Bereich »Magie« zuordnen würde. Ich möchte dir etwas mitgeben, das es dir ermöglicht, den Zauber, das Wissen um deine weibliche Kraft und das Feuer, das von innen kommt, jederzeit wieder ins Bewusstein zu rufen. Es sollte etwas sein, das – wie alles hier in diesem Buch – alltagstauglich ist. And here it is:

Rückzug in die Natur/Visionssuche im Alltag

Die Visionssuche ist eine wunderbare Methode, sich im Leben neu zu orientieren. Besinnung auf sich selbst – die Medizin des Bären empfangen: »Wer bin ich, woher komme ich, wohin gehe ich, wozu bin ich da auf dieser Welt?« Die Verbindung zu Mutter Erde festigen, indem ich allein bin mit ihr.

Die traditionelle Visionssuche der verschiedenen Völker – und es gibt sie auf allen Erdteilen – ist meist eine Angelegenheit von mehreren Tagen und Nächten, bedarf langer Vorbereitung, vielfältiger Reinigungsrituale, des Fastens, des Nähens von Ritualkleidung und des Fertigens diverser Ritualgegenstände. Sie wird meistens von einem Schamanen begleitet und überwacht und nach der Visionssuche werden die empfangenen Bilder und Träume professionell gedeutet.

Aber welche Frau hat schon so oft die Möglichkeit, auf Visionssuche zu gehen, wenn ihr der Sinn nach Neuorientierung, nach Rückzug, nach Einfachheit steht? Nun, die Erfahrung bestätigt, dass dieser Rückzug bereits im Rahmen eines Spazierganges möglich ist.

Es geht um ganz bewusstes Alleinsein mit den Elementen, den Tier- und Pflanzenwesen und den Steinleuten. Es geht darum, Verbindung zu schaffen, Kraft zu holen, den Geist und die Emotionen zu reinigen.

Nutze jede Gelegenheit für kleine Rituale: Wenn du einen Bach siehst, lass dich nieder an seinem Ufer, tauche deine Hände hinein und stell dir vor, wie alles, was dich belastet und verunreinigt, von dir fortfließt. Wenn dir die Sonne ins Gesicht scheint, schließ die Augen, wende dich mit deinem ganzen Körper ihr zu, wenn möglich (d. h., wenn es die Umgebung zulässt und du halbwegs alleine bist), breite deine Arme aus und stell dir die ungeheure Kraft vor, die jetzt in dich hineinströmt und dich noch lebendiger und strahlender macht.

In Tirol gibt es viele Orte auf Pässen, an rauen Steilhängen, auf Berggipfeln, wo seit Ewigkeiten Steinskulpturen stehen. Sie verschwinden immer wieder, von den Jahreszeiten zerfressen und zerbröckelt, und immer wieder kommen neue nach. Man sagt, dass sie Mahnmale sein sollen für die Vergänglichkeit, Versöhnungsgesten der Menschen an die wilden, bedrohlichen Naturgewalten. In allen Kulturen, wo man diese »Steinmandln« sieht (im Himalaya z. B., im kargen Südwesten der Staaten usw.), sind sie aber auch in Stein gearbeitete Bitten der Menschen an die Götter. Mach dir deine eigenen Steinmandln: Schichte einen Brocken auf den anderen und mit jedem Einzelnen manifestiere mehr und mehr deine Wünsche hier auf Erden. Auch das ist eine Möglichkeit der Rückbindung (Religion kommt vom lateinischen Wort religare = rückbinden, zurückverbinden) an die Mutter Erde. Ein Stein gewordenes Gebet …

Wenn du allein bist in der Natur, lass deine Gedanken fließen: Betrachte die Linien, die das Wasser im Sand hinterlassen hat, und denk über deine Lebenslinien nach.

Beobachte den Flug der Vögel und stell Verbindungen her zu deiner momentanen Lebenssituation: Fliegst du leicht und frei oder suchst du mühsam nach einer Thermik, die dich endlich wieder nach oben trägt?

Die Farbe des Himmels, die Formen der Wolken: Welche Botschaften haben sie für dich?

Heilige den Ort, an dem du deine Visionen empfängst (denn nichts anderes geschieht hier: Diese Botschaften der Natur sind Visionen, die dir Klarheit und Hilfestellung bieten), indem du kleine Altäre errichtest aus den Materialien der Umgebung: einen flachen Stein, auf den du eine besonders geformte Wurzel legst, oder ein buntes Blatt, füge eine Prise Räuchermaterial hinzu, aus dem, was du an Ort und Stelle vorfindest: ein Stück Harz, ein paar Brösel einer duftenden Rinde, dann streue einen Kreis aus Tannennadeln rundherum …. Mitgebrachtes nimm wieder nach Hause mit, wenn du deine Visionen empfangen hast (und Achtung: Wie Ernie Rainbow immer sagte: »Kill the ›Big-Buffalo-Vision‹«, womit er meinte: Achte auf die kleinen Dinge, die dir erscheinen, warte nicht auf den Feuer speienden Drachen!), wie Kerzen und Tücher usw. Alles aus der Umgebung darf liegen bleiben, sollte das Bild der Landschaft aber nicht verändern, sondern sich harmonisch einfügen: eine kleine Steinskulptur, ein Wasserbecken, ein Mandala aus Naturmaterialien.

Mandalas legen aus Blüten (obwohl ich persönlich mich dagegen sträube, eine Pflanze für diese Zwecke zu töten), aus Tannenzapfen, trockenem Moos, Steinen, Holzstücken usw., ist übrigens auch eine wunderschöne Methode, eine Art Gebet in der Natur zu hinterlassen. Kinder lieben es und fertigen phantasievolle Kunstwerke und auch Erwachsene werden wieder zu Kindern, wenn sie in dieser Arbeit aufgehen!

Somit wünsche ich dir jetzt noch ein erfüllteres, bunteres und lebendigeres Frausein!

Deine Susanne

Bader, Marlies: **Räuchern mit heimischen Kräutern.**
Anwendung, Wirkung und Rituale im Jahreskreis. Goldmann 2008

Feichtinger, Wilfried Dr. med.: **Frauensache.** Droemer Knaur 1996

Fischer-Rizzi, Susanne: **Botschaft an den Himmel.**
Anwendung, Wirkung und Geschichten von duftendem Räucherwerk.
AT Verlag 2001

Francia, Luisa: **Zaubergarn.** Frauenoffensive 1989

Kalbermatten, Roger: **Wesen und Signatur der Heilpflanzen.** Die Gestalt als Schlüssel zur Heilkraft der Pflanzen. AT Verlag 2005

Müller-Ebeling, Claudia/Rätsch, Christian/Storl, Wolf-Dieter: **Hexenmedizin.** Die Wiederentdeckung einer verbotenen Heilkunst – schamanische Traditionen in Europa. AT Verlag 1998

Rätsch, Christian: **Räucherstoffe – Der Atem des Drachens.**
72 Pflanzenporträts – Ethnobotanik, Rituale und praktische Anwendungen. AT Verlag 2006

Storl, Wolf-Dieter: **Pflanzendevas.**
Die geistig-seelischen Dimensionen der Pflanzen. Knaur 2010

Storl, Wolf-Dieter: **Pflanzen der Kelten.**
Heilkunde – Pflanzenzauber – Baumkalender. Knaur 2010

Storl, Wolf-Dieter: **Mit Pflanzen verbunden.**
Meine Erlebnisse mit Heilkräutern und Zauberpflanzen. Heyne 2009

Walker, Barbara G.: **Das geheime Wissen der Frauen.** Arun Verlag 2007

Susanne Patzleiner-Rieser

Geboren am 22. 11. 1958 in Innsbruck, aufgewachsen in einer Familie, die durch ihre Naturverbundenheit und ein großes Wissen um die Pflanzen- und Tierwelt eine gute Grundlage für ihre spätere Berufung legt.

Gymnasium, Sprachenstudium, Ausbildung zur Schwitzhüttenleiterin in den USA unter der Anleitung von Ernie Rainbow, Apache, später Ausbildung zur Masseurin. Viele Weiterbildungen in der Kräuterheilkunde, Botanik, Permakultur und in biologischem Gartenbau, Schamanismus, vielen kreativen Bereichen wie Tanz, Wollverarbeitung, Trommel- und Rasselbau ... Ihre Hobbies wie Seifensieden, Salbenmischen, Heilkräuter im Garten anbauen u. v. a. m. kann die Autorin mittlerweile alle auch beruflich nutzen. Seit ca. 10 Jahren fast nur mehr als Ausbildende tätig.

KONTAKTDATEN:

Susanne Patzleiner-Rieser
Oberstraße 209
A-6416 Obsteig
www.hewu.at

Martin Weber
Der Mensch im Gleichgewicht
Gesundheit neu gedacht mit Herz, Logik und Intuition
13,5x21 cm, 208 Seiten, geb.;
ISBN 978-3-85068-833-8

Martin Weber
Der Mensch im Gleichgewicht - Hörbuch *(ohne Abb.)*
Gesundheit neu gedacht mit Herz, Logik und Intuition
7 CDs, Laufzeit ca. 490 min., Booklet
ISBN 978-3-85068-880-2

Wirkliche Heilung – nicht Symptombekämpfung

Es geht ihm nicht darum, Krankheiten zu bekämpfen, sondern Gesundheit zu erhalten und zu aktivieren. Dazu gehört der ganze Mensch. Der ganze Mensch mit seinem Umfeld, seinen Beziehungen, seinen Gedanken und Gefühlen.

Webers Botschaft ist für Menschen gedacht, die an wirklicher Heilung interessiert sind, nicht an Symptombekämpfung. Es zeigt auf, dass Medikamente niemals zu wirklicher Heilung führen. Und dass vor allem der Körper nach Verletzungen oder Operationen wie ein sensibles Musikinstrument neu gestimmt werden muss.

Heike Ackermann
Schwangerschaft, die natürlichste Sache der Welt!
Naturheilkunde für Schwangerschaft und Wochenbett
Mit Tagebuch, 192 S., A5, geb.;
ISBN 978-3-85068-825-3

Heike Ackermann
Harmonische Schwangerschaft – leichte Geburt
Suggestionen zwischen Traum und Wirklichkeit
Audio-CD, Laufzeit ca. 40 Minuten;
ISBN 978-3-85068-839-0

Heike Ackermann, erfahrene Hebamme und Heilpraktikerin, schuf einen kostbaren Ratgeber für schwangere Frauen, eine sanfte Hilfe zur Selbsthilfe. Da fast alle Medikamente während der Schwangerschaft ausgeschlossen sind, sind Naturheilmethoden *die* Heilmethoden für die sensiblen Körper der werdenden Mütter und ihrer Babys. Homöopathie · Kräuter · Aroma-Therapie · Schüßler-Salze · Hildegard-Medizin. Mit vielen Tipps für die Geburt, Anlaufstellen von Behörden (D·A·CH) und integriertem Schwangerschafts-Tagebuch.

Christa Kössner
Schlüssel zum Glücklich-Sein
Das Spiegelgesetz
13,5x21 cm, 112 S., geb.,
ISBN 978-3-85068-768-3

Erlangen Sie eine völlig neue Sichtweise der Wirklichkeit und öffnen Sie das Tor zum Glücklich-Sein! Sämtliche Ereignisse in unserem Leben sind Spiegelungen unserer tiefsten Überzeugungen und alle Menschen, mit denen wir näheren Kontakt haben, verkörpern Eigenschaften und Wesenszüge von ***uns***: Wir brauchen nur etwas genauer hinzusehen, welche Spiegelbilder im Moment vor unseren Augen sind, um dann festzustellen: »Das bin ja ich! ***Ich*** habe diese Situation durch ***mein*** Denken hervorgerufen. ***Ich*** habe diese Person eingeladen, in meinem Leben zu sein.« Wenn also derzeit in unserem Leben etwas geschieht, womit wir unglücklich sind, liegt es in unserer Macht, dies zu ändern.

In dem Moment, in dem wir erkennen, dass wir auf der Welt sind, um von ganzem Herzen glücklich zu sein, verwandeln wir unsere Geisteshaltung und es zeigen sich immer mehr erfreuliche Spiegelbilder in unserem Leben.

Phyllida Anam-Áire
Keltische Weisheit im Alltag
A5, 288 Seiten, br.
ISBN 978-3-85068-770-6

Im keltischen Leben ist eine tiefe Wertschätzung für die Natur und ihre Rhythmen eingebettet, für die natürlichen Zyklen von Tag und Nacht, die Jahreszeiten und den Tod, der uns in ein neues Leben hinüberführt. Die Kelten haben Spirit erkannt, die göttliche Seele in jedem und allem. Sie besaßen auch ein tiefes Verständnis für die einenden Kräfte der Liebe und des Mitgefühls als einen Pfad zur Erleuchtung. Phyllida Anam-Áire hilft uns, durch Geschichten, Meditationen und Rituale in einem keltischen Kontext die Verbindung mit unserem Herzen und eine sehnsuchtsvolle, gebende Inspiration für unsere Seele wiederzufinden.

In einer Welt, die mit einem Schwund an natürlichen Ressourcen zu tun hat und der sehr realen Bedrohung durch die globale Erwärmung, ist dies eine Einladung, uns der keltischen Kultur zuzuwenden und von ihrer Weisheit und ihren Einsichten über eine naturgemäßere Lebensweise zu lernen.

Phyllida Anam-Áire
Cauldron of Song
1 CD, ca. 51 Min., Booklet
ISBN 978-3-85068-790-4

Spirituelle Lieder mit keltischen Melodien, gesungen von Phyllida. Heilung steht im Vordergrund dieser Lieder, die die Hörer vor allem auch in Zeiten des Schmerzes in ihre Mitte zurückbringen soll.

Phyllida Anam-Áire
Let love in
1 CD, ca. 79 Min., Booklet
ISBN 978-3-85068-791-1

24 Lieder, die der tiefen, spirituellen Liebe gewidmet sind, vorgetragen von Phyllida Anam-Aire.